我一天

明白你的

却一天一天
愈更深切地爱你

朱生豪
著

中国出版集团 现代出版社

图书在版编目（CIP）数据

我一天一天明白你的平凡，却一天一天愈更深切地爱你 / 朱生豪著. -- 北京：现代出版社，2018.5
ISBN 978-7-5143-7116-1

Ⅰ. ①我… Ⅱ. ①朱… Ⅲ. ①朱生豪（1912-1944）—书信集 Ⅳ. ①K825.5

中国版本图书馆CIP数据核字（2018）第109505号

著　　者	朱生豪
责任编辑	杨学庆
出版发行	现代出版社
地　　址	北京市安定门外安华里504号
邮政编码	100011
电　　话	010-64267325　64245264（传真）
网　　址	www.1980xd.com
电子邮箱	xiandai@cnpitc.com.cn
印　　刷	三河市嵩川印刷有限公司
开　　本	880mm×1230mm　1/32
印　　张	9.5
字　　数	180千字
版次印次	2018年9月第1版　2018年9月第1次印刷
标准书号	ISBN 978-7-5143-7116-1
定　　价	39.80元

目录

第壹辑

醒来 觉得甚是爱你

第贰辑

不要愁老之将至，你老了一定很可爱

第叁辑

我一天一天明白你的平凡，却一天一天愈更深切地爱你

第肆辑

风和日暖，令人愿意永远活下去

第伍辑

我眷恋着唯一的你

第柒辑

我肯用地老天荒的忍耐期待着和你一秒钟的见面

第捌辑

我把我的灵魂封在这封信里

第玖辑

要是我们两人一同在雨声里做梦，那境界是如何不同

第壹辑

醒来
觉得甚是爱你

第001封

想不到你竟会抓住我的心

清如：

一向我从不以离别为一件重大的事，而今却觉得十分异样。说些什么话吧，却也说不出来。

想不到你竟会抓住我的心，你纯良的人！然而我也未尝没有逃避的可能。但我不忍飞去，当一天你还记着我的时候。

不忙就回去吧？明天约你到西湖里再坐一次划子，去不去告我。回去的话，一定通知我什么钟点，好送你行。你去了之后，不，没有什么。

朱　廿二晨

第
002
封

只有你是青天一样可羡

清如：

昨夜我做了一夜梦，做得疲乏极了。大概是第二个梦里，我跟你一同到某一处地方吃饭，还有别的人。那地方人多得很，你却不和我在一起，自管自一个人到里边吃去了。本来是吃饭之后，一同上火车，在某一个地方分手的。我等菜许久没来，进来看你，你却已吃好，说不等我要先走了，我真是伤心得很，你那样不好，神气得要命。

不过我想还是我不好，不应该做那样的梦，看你的诗写得多美，我真欢喜极了，几乎想抱住你不放，如果你在这里。

我想我真是不幸，白天不能困觉，人像在白雾里给什么东西推着动，一切是茫然的感觉。我一定要吃糖，为着寂寞的缘故。

这里一切都是丑的，风、雨、太阳，都丑，人也丑，我也丑得很。只有你是青天一样可羡。

这里的孩子们学会了各色骂人的言语，十分不美，父母也不管。近来哥哥常骂妹妹泼婆。妹妹昨天说，你是大泼婆，我是小泼婆。一天到晚哭，闹架儿。

拉不长了，祝你十分好！六十三期的校刊上看见你的名字三次。

朱　初三

第 003 封

谢谢你给我一个等待

好：

谢谢你给我一个等待。做人最好常在等待中，须是一个辽远的期望，不给你到达最后的终点，但一天比一天更接近这目标，永远是渴望，不实现也不摧毁，每天发现新的欢喜，是鼓舞而不是完全的满足。顶好是一切希望完全化为事实，在生命终了前的一秒钟中。

我仍是幸福的，我永远是幸福的。世间的苦不算甚么，你看我灵魂不曾有一天离开过你。

祝福你！

朱　十五下午

第004封

你是我心里顶溺爱的人

宋：

才板着脸孔带着冲动写给你一封信，读了轻松的来书，又使我的心弛放了下来。叫他们拿给你看的那信已经看到？有些可笑吧，还是生气？实在是，近来心里很受到些气闷，比如说有人以为我不应该爱你之类；而两个多月来离群索居的生活，使我脱离了一向沉迷着的感伤的情绪的氛围，有着静味一切的机会，也确使我渐对过去的梦发生厌弃，而有努力做人的意思。

我真希望你是个男孩子，就这一年匆匆的相聚，彼此也真太拘束得苦。其实别说你是那么干净那么真纯，就是一些人的冷眼，也会把我更有力地拉近了你的。我没有和平常人那样只闹一回恋情的把戏，过后便撒手了的意思。我只希望把你当作自己弟弟一样亲爱。论年岁我不比你大甚么，忧患比你经过多，人生的经验则不见比你丰富甚么，但就自己所有的学问，几年来冷静的观察与思索，以及早入世诸点上，也许

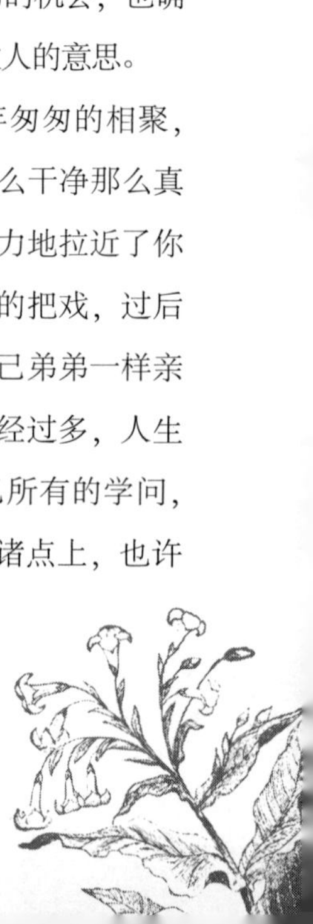

确能做一个对你有一点益处的朋友，不只是一个温柔的好男子而已。

对于你，我希望你能锻炼自己，成为一个坚强的人，不要甘心做一个女人（你不会甘心于平凡，这是我相信的），总得从重重的桎梏里把自己的心灵解放出来，时时有毁灭破旧的一切的勇气（如其有一天你觉得我对于你已太无用处，尽可以一脚踢开我，我不会怨你半分），耐得了苦，受得住人家的讥笑与轻蔑，不要有什么小姐式的感伤，只时时向未来睁开你的慧眼，也不用担心什么恐惧什么，只努力使自己身体感情各方面都坚强起来，我将永远是你的可以信托的好朋友，信得过我吗？

也许真会有那么海阔天空的一天，我们大家都梦想着的一天！我们不都是自由的渴慕者吗？

现在的你，确实是太使我欢喜的，你是我心里顶溺爱的人。但如其有那么一天我看见你，脸孔那么黑黑的，头发那么短短的，臂膀不像现在那么瘦小得不盈一握，而是坚实而有力的，走起路来，胸膛挺挺的，眼睛明明的发光，说话也沉着了，一个纯粹自由国土里的国民（你相信我不会爱一个“古典美人”？虽然我从前曾把林黛玉作为我的理想过），那时我真要抱着你快活得流泪了。也许那时我到底是一个弱者，那时我一定不敢见你，但我会躲在路旁看着你，而心里想，从前我曾爱过这个人……这安慰也尽可以带着我到坟墓里去而安心了。这样的梦想，也许是太美丽了，但你能接受我的意思吗？

为了你，我也有走向光明的热望，世界不会于我太寂寞。

来信与诗，都使我快活。每回你信来，往往怀着感激的心情，不只是欢喜而已。诗以较高的标准批评起来，当然不算顶好，以你的旧诗的学力而言，是很可以满意的了。第一首嫣嫣两字平仄略不顺，不大要紧，第二句固是好句子，但蹈袭我的句子太甚，把犹袭二字改为空扑吧。三四句平顺无疵。总观四句，略欠呼应，天上人间句略嫩，听之。

此诗改为：

霞落遥山黯淡烟，残香空扑采莲船，
晚凉新月人归去，天上人间未许圆。

（两人字重复，因此读上去觉不顺口。倘把人归去的人改为郎字，却是一首轻倩的民歌。也许你会嫌太佻，但末句本不庄，故前面的人字不能改君字。）新月映带未许圆，使天上两字不落空。

第二首全体妥。糜字用得新，也许你用时是无意的？

第三首第二句微波漪涟重复，漪字平仄不对；第四句万般往事俗，改为年年心事即佳。全首改为：

无端明月又重圆，波面流晶漾细涟。
如此溪山浑若梦，年年心事逐轻烟。

三首诗情调轻灵得很，虽然还少新意，不愧是我的高足，我该自傲不是？

前次绝句二十首之后，又做了十一首，没有给你看。前几首较好：

春水桥头细柳魂，绿芜园内鹧鸪痕，
蜀葵花落黄蜂静，燕子楼深白日昏。

倚剑朗吟毵宇栏，晚禽红树女萝残，
何当跃马横戈去，易水萧萧芦荻寒。

半臂晕红侧笑嫣，绿漪时掀采莲船，
莲魂侬魂花侬色，蛙唱满湖莲叶圆。

迟雪冲寒鹤羽毵，偶尔解渴落茅庵，
红梅白梅相对冷，小尼洗砚蹲寒潭。

略有宋诗调子，第三、四两首都故作拗句。又第九首：

秋花销瘦春花肥，一样风烟雨露霏，
萧郎吟断数根须，懊恼花前白袷衣。

第十一首：

燕子轻狂蝴蝶憨，满园花舞一天蓝，
仙人年幼翅如玉，笑溅银铃酡脸酣。

则是我诗里特有的童话似的情调。

天凉气静，愿安心读书，好好保重。

朱朱[1]　廿三夜

秋兴杂诗七首，本没有给人看的意思，但张荃[2]既有信给我，也不妨抄下来并给伊一读，我没有另外给伊写信的心向。

1　朱朱：朱生豪笔名。

2　张荃：诗人，朱生豪、宋清如的之江大学同学和好友。

第005封

只想倚在你肩上听你讲话

宝贝：

现在是九点半，我想你大概已经睡了，我也想要睡了。心里怪无聊的，天冷下雨，没有东西吃，懒得做事，只想倚在你肩上听你讲话。如果不是因为这世界有些古怪，我巴不得永远和你厮守在一起。

你说我们前生是不是冤家？我向来从不把聚散看成一回事，在你之前，除你之外，我也并非没有好朋友，不知道为什么和你一认识之后，便像被一根绳紧紧牵系住一样，怪不自由的，心也不能像从前一样轻了，但同时却又真觉得比从前幸福得多。

不写了，祝你快乐！

十九夜

第006封

我厌弃的是平凡的梦

宋：

心里说不出的恼，难过，真不想你竟这样不了解我。我不知道什么叫作配不配，人间贫富有阶级，地位身分有阶级，才智贤愚有阶级，难道心灵也有阶级吗？我不是漫然把好感给人的人，在校里同学的一年，虽然是那样喜欢你，也从不曾想到要爱你像自己生命一般，于今是这样觉得了。我并不要你也爱我，一切都出于自愿，用不到你不安，你当作我是在爱一个幻像也好。就是说爱，你也不用害怕，我是不会把爱情和友谊分得明白的，我说爱，也不过是纯粹的深切的友情，毫没有其他的意思。别离对于我是痛苦，但也不乏相当的安慰，然而我并不希望永久厮守在一起。我是个平凡的人，不像你那么“狂野”，但我厌弃的是平凡的梦。我只愿意凭着这一点灵感的相通，时时带给彼此以慰藉，“像流星的光辉，照耀我疲惫的梦寐，永远存一个安慰，纵然在别离的时候。”当

然能够时时见见面叙叙契阔，是最快活的，但即此也并非十分的必要。如果我有梦，那便是这样的梦，如果我有恋爱观，那便是我的恋爱观；如果问我对于友谊的见解，也只是如此。如果我是真心地喜爱你（不懂得配与不配，你配不配被我爱或我配不配爱你），我没有不该待你太好的理由，更懂不得为什么该忘记你。我的快乐即是爱你，我的安慰即是思念你，你愿不愿待我好则非我所愿计及。

愿你好。

朱　廿四

第007封

人生的悲哀

清如：

今天起来看见太阳光，心里有一点高兴。山中的雨是会给人诗一样的寂寞的，都市的雨只是给人抑塞而已，连相思都变成绝望的痛苦了。

望你的信如望命一样，虽明知道你的信不会到得这样快。一两年之前，我还不曾十分感到离别的难堪，友们别了之后，写信来希望一会，总是因懒得走动而拒绝了，以为见不见有什么关系，朋友何必一定要在一起，那时我该是幸福的。

上星期日是母亲忌辰，却忘记了，今天查起来才知道已经过去。也是昨天一样的天气，十一年前的那天，人生的悲哀掩上了我，以至于今日。

祝福。

朱　十九

第008封

盼望见你

好友：

快放假了是不是，我从今天起开始盼望见你，带着很高兴的调子。我太没有野心，也许就是这一点不好，觉得仿佛只要看见你五分钟，就可得到若干程度的满足的样子。对于见面我看得较重，对于分别我看得较轻，这是人生取巧之一法，否则聚少离多，悲哀多于欢乐，一生只好负着无尽痛苦的债了。

我愿你好，热情地热情地。

不说诳的约翰　九日下午

第009封

在我心里的你是伟大的

好宋：

真的我不怪你，全不是你错，无可如何才怪你，但实在是不愿怪你的，遇到这等懊恼的事，暂时生一下子气，你会允许我的吧？我不曾骂你，是不是？你不要难受才好。我愿意听话，永远待你好。

说，愿不愿意看见我，一个礼拜之后？抱着一个不曾弥补的缺憾，毕竟是太难堪的事，让我再做一遍西湖的梦吧，灵峰的梅花该开了哩。你一定来闸口车站接我，肯不肯？我带巧格力你吃。这回手头大充实，有五十多块钱，另外还借出十八块，虽然年节开发，买物事回家，得用去一些。

其实从北站到我处一段路，也并不怎样难走，远虽是远。只须坐七路提篮桥电车到底，就没有多少路。如懒得问，黄包车十来个铜子也拉到了。寓所就在 office[1] 转角。原该早告诉你的。

今后再不说诳话欺骗自己了，愿意炼成一个坚强

1 office：办公室。

的钢铁样的信心，永远倾向着你，当我疲倦了一切无谓的游戏之后。我不愿说那是恋爱，那自然是比恋爱更纯粹的信念。我愿意懂得“永恒”两字的意义，把悲壮的意味放入平凡的生活里，而做一个虔诚的人。因我是厌了易变的世事，也厌了易变的自己的心情。

你并不伟大，但在我心里的你是伟大的。

给你深深的友爱，我常想你是比一切弟弟更可爱的弟弟。

朱　九日傍晚

第010封

你得陪我玩，不，领我玩

清如：

今天心里有点飘飘然。原因是一，昨天头痛一天，今天好了；二，天很暖；三，今天星期，还要工作，虽不开心，然而机器不响，心很静，比在家或走在马路上好一些；四，已定规来杭州看你。

后天回家去，十六从嘉兴搭快车一点廿分到闸口，你能来接我最快活。十七星期六，十八星期，你得陪我玩，不，领我玩。多少高兴，想着终于能看见你，顶好的好人！当我上次得到你的信，一眼看见不许哭三字，眼泪就禁不住滚下来了，我多爱你！

心里的意思，怎样也诉说不完，也诉说不出，因此而想起音乐是最进化的语言：一切“散文的”语言文字是第一级，诗是第二级，音乐是最高级，完全依凭感觉，脱离意象而独立了。凡越朦胧则越真切。我梦想一个音乐的天国，里面的人全忘了讲话与写字。这是野话。我知道你顶明白我，但还巴不得把心的每

一个角落给你看才痛快。我为莫可奈何而心痛，欲抱着你哭。

愿上帝祝福你的灵魂永远是一朵不谢的美丽的花！我能想着你，梦着你，神魂依恋着你，我是幸福的。

朱　十一下午

第011封

我发誓以后不再naughty

好人：

你的文法不大高明，例如“对于你的谣言，确使我十分讨厌”这句话，应该说作“你的谣言确使我十分讨厌”，或“对于你的谣言，我确十分讨厌”。

这样吹毛求疵的目的是要使你生气，因为我当然不愿你生我气，但与其蒙你漠不关心我，倒还是生气的好了。我不想责备我自己，因为我觉得我已够可怜，但我发誓以后不再naughty[1]，(虽然我想我不用告诉你我是怎样“热烈期待”着这次的放假，为的有机会好来看看你；年初一的夜里，我是怎样高兴得整夜不睡，天气恶劣怎样反而使我欢喜，因为我可以向你证明我的一片诚心；次日清晨我怎样不顾一切劝阻而催促他们弄饭，饭碗一丢就扬长而去；我是怎样失望发现第一班车要在十一点钟才有，我不能决定还是走好还是不走好，我本想当天来回，这样恐怕不成功了，姑且回了家再说；回到家中，两只脚又是怎样痛

1 naughty: 顽皮。

得走不动，为着穿了紧的皮鞋；乘兴而去，败兴而来，当然勇气要受了挫折……这些话也许都会被你算作讨厌的谣言），也不再把你的名字写得这样难看；但任何国际条约必须基于双方平等的基础上，我希望你也不要叫我朱先生或十分谢谢我。

你的命令我不能不尊从，因为你特意把“要”字改为“准”字，不要你来信只是表示我不愿意你来信，但尚未有禁止之意；不准便由愿望改为命令了。但是我希望等番茄种子寄出之后（当然那必须附一封信，否则你不知道是谁寄来的），我还可以（有）写信问你有没有收到的权利是不是？

我伤心得很。

厌物　廿三

第012封

我拾回了我的欢喜

澄：

带着一半绝望的心，回来吃饭，谢谢天，我拾回了我的欢喜。别说冬天容易过，渴望着信来的时候，每一分钟是一个世纪，每一点钟是一个无穷。然而想着你是幸福的在家里，伫念的心，也总算有了安慰。

你不会责备我说过的那些无聊话？

我实在喜欢你那一身的诗劲儿，我爱你像爱一首诗一样。

问你寒假里有没有计划的人，我不知是谁，大概是一位蠢货，一定。理想的人生，应当充满着神来之笔，那才酣畅有劲。计划，即使实现了也没趣。祝福你。

告诉我几时开学，我将数着日子消遣儿，我一定一天撕两张日历。

朱　廿三下午

第013封

无意味的信

清如：

好了吗？怎样的悬念着悬念着。

我脾气确实近来也坏了，常常得罪人，因为“戏慢[1]”他们，昨天被彭同任教训了一顿，我是不好，他们却可笑。

常常气闷得很，觉得什么人都讨厌，连自己的影子也讨厌，很愿意一个朋友也不要。不过想到你时，总是好像有点例外。如果我不认识你，我一定更不幸。

愿你健康，愿你快乐，一切的平安给与你！杜鹃花几时红起来，山中该热闹了呢。我没有希望，没有真能令我快乐的事物，虽也不愿颓唐。只有一个冀念，能够在可能的最近再看见你，我将永远留一个深心的微笑给你，那是一切意望之花，长久的竚候里等待着开放的。

虽然是怎样无意味的信呵！

朱　廿二上午

1　戏慢：轻慢，不庄重。

第014封

醒来觉得甚是爱你

昨夜我看见郑天然[1]向我苦笑。你被谁吹大了，皮肤像酱油一样，样子很不美，我说，你现在身体很好了，说这句话，心里甚为感动，想把你抱起来高高的丢到天上去。醒来觉得甚是爱你。

这两天我很快活，而且骄傲。

你这人，有点太不可怕。尤其是，一点也不莫名其妙。

朱

1　郑天然：朱生豪之江大学的同学与好友。

第015封

我多么愿意自己是个诗人，只是为了你的缘故

小姊姊：

你好？我……没有什么，很倦，又不甘心睡，也不愿写信。

家里有没有信？我希望你母亲早已好了。

又一星期过去，日子过得越快，我越高兴。我发誓永不自杀，除非有一天我厌倦了你。

每天每天你让别人看见你，我却看不见你，这是全然没有理由的，我真想要你喂奶给我吃。

有人说我胖了，我完全不相信，你相信不相信？你现在生得是不是还像我们上次会面时一样？也许你实在很丑也说不定，但我总觉得你比一切的美都美，我完全找不出你有任何可反对的地方，我甘心为你发痴。

如果你不欢喜我说这样话，我仍然可以否认这些话是我说的，因为我只愿意说你所喜欢听的话。

我是属于你的，永远而且完全地。愿你快乐。

专说骗人的诳话者　十一夜

如果我想要做一个梦，世界是一片大的草原，山在远处，青天在顶上，溪流在足下，鸟声在树上，如睡眠的静谧，没有一个人，只有你我，在一起跳着飞着躲着捉迷藏，你允不允许？因为你不允许我做的梦，我不敢做的。我不是诗人，否则一定要做一些可爱的梦，为着你的缘故。我不能写一首世间最美的抒情诗给你，这将是我终生抱憾的事。我多么愿意自己是个诗人，只是为了你的缘故。

第
016
封

想写你，写不出

澄儿：

我应该听你话静静一些儿的，可是这颗心没办法好想，又写信了，你要不要打我手心？

今天我烦躁了整个儿的一天，晚上淋着雨到陈尧圣[1]家吃夜饭，也没有什么感想，不过发现赵梓芳夫妇俩也同住着，有些意外，而且离我这里那么近。回了转来，怎么也不能睡，虽没有话对你说，仍然执起笔来了。

上午曾写了几封信给我那些宝贝朋友们，但一封也不寄出，有什么意思呢？……我不高兴写了。你为什么爱朱朱呢？（呵欠）

我想做诗，写雨，写夜的相思，写你，写不出。

1　陈尧圣：朱生豪之江大学的同学。

第017封

我并不真怪你

好友：

我并不真怪你，不过怪着你玩玩而已。你这人怪好玩儿的，老是把自己比作冷灰——怪不得我老是抹一鼻子灰。也幸亏是冷的，否则我准已给你烧焦了。我不大喜欢这一类比喻。例如有人说“心如止水”，只要投下一块石子去，止水就会动起来了；有人说“心如枯木”，唯一的办法便是用爱情把它燃烧起来，你知道枯木是更容易燃烧的。至如你所说的冷灰，只要在它中间放一块炙热的碳，自然也会变热起来。但最好的办法还是给它一个不理睬，因为事实上你是待我很好的，冷灰热灰又有什么相干呢？

你要是说你不待我好，即使我明知是真也一定不肯相信。但你说你待我很好，我何乐而不相信呢？但我很希望听你说一万遍，如果你不嫌嘴唇酸的话。

你一定不要害怕未来的命运，有勇气把眼睛睁得大大的，凝视一切；没勇气闭上眼睛，信任着不可知

的势力拉着你走，幸福也罢，不幸也罢，横竖结局总是个 The end[1]。等我们走完了生命的途程，然后透口气相视而笑。好像经过了一番考试，尽管成绩怎样蹩脚，总算卸却了重负，唉呵！

我拍拍你的肩头。

Villain

LEBENSMISSIONSVORSITZENDERSTELLVERTRETER[2]

1 The end：剧终。

2 这是一个德文词，意思是“粮食分配结束委员会委员长”，德文的复合词很长，这是朱生豪故意构造的一个长词。

第贰辑

不要愁老之将至，你老了一定很可爱

第
018
封

今天下雨自然有下雨的原因

哥哥：

读了昨夜我给你的信，不要气我，不要笑我，尤其不要可怜我，今天我清新得很，想不到又下雨了。昨夜梦见弟弟，他成天在床上翻书，好像他不愿意住在学校里，因此回家了；我要每天坐电车上工厂做工，很有精神。我有没有告诉你，我的小的兄弟到福建当大兵去了，很有趣不是？我们做人，就像在一个童话里。昨夜跑出来把信丢在邮筒（油桶，我们从前说的）里，弄堂里看见月亮，一路上充满了工厂里吐出来的煤气，这就是我们的蔷薇花香了。Sol sol me，re do’la do’fa，la do’sol-me re sol do。这是他们唱的歌，我不知道是什么歌。我买了一包奶油朱古力。

今天早晨老太婆打碎我一只茶杯，摸出二角几个铜板，费了好一会心思算出来的价钱，硬要赔我，还她还不肯拿，很诚朴。要是这时候卓别麟摇摇摆摆的进来，一定很有趣。跟他们大人我讲不来话，

因为我太小了，跟小人儿又讲不来话，因为我太大了。臭虫报告了春天的消息，昨天在被中发现一个，小小心心用纸儿将它裹了，我碰一碰它就怕，觉得浑身臭虫在爬，恶心死人。愿你笑！

Ariel[1]

我忘记了我说过甚么话使你感激，愿你不要过分相信我，过分相信一个人会上当的。好坏都随各人判断，没有甚么该不该。你要是能放心我，能随便我向你说什么话，我就快活了。我多分是一个趣味主义者，不是十分讲理的，我爱你也许并不为什么理由，虽然可以有理由，例如你聪明，你纯洁，你可爱，你是好人等，但主要的原因大概是你全然适合我的趣味。因此你仍知道我是自私的，故不用感激我，感激倘反一反很容易变成恨，你愿意恨我吗？即使你愿意恨我，我也不愿意被你恨的。我们永远要好，就是那么一回事，今天下雨自然有下雨的原因，但你能说天什么理由一定要下雨呢？

关于这题目有说不完的话，最好你相信，你应该这样“幸福”，如果这是“幸福”的话。

1　Ariel：爱丽儿，莎剧《暴风雨》中的小精灵。

第019封

写信的艺术

好人：

你不懂写信的艺术，像“请你莫怪我，我不肯嫁你”这种句子，怎么可以放在信的开头地方呢？你试想一想，要是我这信偶尔被别人在旁边偷看见了，开头第一句便是这样的话，我要不要难为情？理该是放在中段才是。否则把下面“今天天气真好，春花又将悄悄地红起来”二句搬在头上做帽子，也很好。“今天天气真好，春花又将悄悄地红起来，我没有什么意见”这样的句法，一点意味都没有；但如果说“今天天气真好，春花又将悄悄地红起来，请你莫怪我，我不肯嫁你”，那就是绝妙好辞了。如果你缺少这种poetical instinct[1]，至少也得把称呼上的“朱先生”三字改作“好友”，或者肉麻一点就用“孩子”；你瞧“朱先生，请你莫怪我，我不肯嫁你”这样的话多么刺耳；“好友，请你莫怪我，我不肯嫁你”，就给人一个好像含有不得不苦衷的印象了，虽然本身的意义实

1 poetical instinct：诗的直觉。

无二致；问题并不在“朱先生”或“好友”的称呼上，而是“请你莫怪我……”十个字，根本可以表示无情的拒绝和委婉的推辞两种意味。你该多读读《左传》。

我没有要你介绍女朋友的意思，别把我的话太当真。你的朋友（指我）是怎样一宗宝货你也知道，介绍给人家人家不会感激你的，至于我则当然不会感激你。

我待你好，你也不要不待我好。

第020封

你的来信如同续命汤

阿姊：

不许你再叫我朱先生，否则我要从字典上查出世界上最肉麻的称呼来称呼你。特此警告。

你的来信如同续命汤一样，今天我算是活转来了，但明天我又要死去四分之一，后天又将成为半死半活的状态，再后天死去四分之三，再后天死去八分之七……等等，直至你再来信，如果你一直不来信，我也不会完全死完，第六天死去十六分之十五，第七天死去三十二分之三十一，第八天死去六十四分之六十三，如是等等，我的算学好不好？

我不知道你和你的老朋友四年不见面，比之我和你四月不见面哪个更长远一些。

有人想赶译高尔基全集，以作一笔投机生意，要我拉集五六个朋友来动手，我一个都想不出。捧热屁岂不也很无聊？

你会不会翻译？创作有时因无材料或思想枯竭而

无从产生，为练习写作起见，翻译是很有助于文字的技术的。假如你的英文不过于糟，不妨自己随便试试。

我不知道世上有没有比我们更没有办法的人？

你前身大概是林和靖的妻子，因为你自命为宋梅。这名字我一点不喜欢，你的名字清如最好了，字面又干净，笔画又疏朗，音节又好，此外的都不好。清如这两个字无论如何写总很好看，像澄字的形状就像个青蛙一样。青树则显出文字学的智识不够，因为如树两字是无论如何不能谐音的。

人们的走路姿式，大可欣赏，有一位先生走起路来身子直僵僵，屁股凸起；有一位先生下脚很重，走一步路全身肉都震动；有一位先生两手反绑，脸孔朝天，皮鞋的历笃落，像是幽灵行走；有一位先生缩颈弯背，像要向前俯跌的样子；有的横冲直撞，有的摇摇摆摆，有的自得其乐；有一位女士歪着头，把身体一扭一扭地扭了过去，似乎不是用脚走的样子。

再说。

朱　一日

第 021 封

我没有待你好过

清如：

本来是不该再写这信了，因为昨夜气了一夜，原谅我没有人可以告诉。

话太多，实不知从何说起。只恨自己太不懂事，以后该明白一些，我是男人，你该得疑惧我的。一向太信任朋友两个字，以为既然是朋友，当然是由于彼此好感的结合，至于好感的到何程度，那当然不是勉强而来。但爱一个朋友，总不算是一件错的事，现在才晓得要好是真不应该“太”的。我心里有无限的屈辱。

愿你相信我一向是骗你，我没有待你好过，现在也不待你好，将来也不会待你好，这样也许你可以安心一点。交朋友无非是多事，因为交朋友就要好，而你是不愿别人跟你要好的。现在我很相信你不时提说的那一句话，男女间友谊不能维持永久。这责任不是我负，因为我一向信任你，不信任人的是你。我殊想不到待你太好会构成我自己的罪名。我心里有无限的屈辱。

写不出了，主要的意思，仍没有说。愿你好，以后，我希望能使你安静一点。

做人，是太难堪了。

第
022
封

纷乱的梦

昨夜醒来听雨，一阵蒙胧之后，重又做起梦来，大凡清晨的梦总是更纷乱，我也不大记得起来了。记得我是睡着，梦魇了，一样东西打胸口上压下来，喊，喊不出，一只脚还竖起着，要伸直都不可能，这原是常有的现象。于是我觉得一些人走了进来，姑母说，你看他这么好睡，要来揭被，我全知道，我在十分梦魇，他们说什么做什么我都知道，无奈撑不起身来。终于醒了转来，我说你们做什么我都知道，我说我在睡着的时候什么事情都知道，如果今晚这窗前月亮亮，我睡着也可以看见。仿佛我的眼睛盲了。仿佛我忽然想要问你一句话，我死了之后，你肯为我流泪不？仿佛我真要死了。我说，如果我们是生在不科学的时代，或者可以相信灵魂不灭，而期待着来生，但现在是什么都完结了，我不愿意死，因为我爱你得那么厉害。仿佛我读到你的同平常一样的亲切的信，但不是在我将死的状态中了，我要写回信——于是我写了这些。

第023封

亲爱的小鬼

你相不相信“一见钟情”这句话？如果不相信，我希望你相信。因为昨天有一个人来看我，我们看影戏，我们逛公园，她非常可爱，我交关喜欢她。我说，她简直跟你一样好，只不知道她是不是便是你？也许我不过做了个梦也说不定。

亲爱的小鬼，我要对你说些什么肉麻的话才好耶？我只想吃了你，吃了你。

鸭　廿五

第024封

仍旧想跟你在一起做梦

宋姑娘：

读到芳扎之后，不想再说什么话，因为恐怕你又要神经。

这星期过得特别快，因为中间夹着一个五一劳动节。其实星期制很坏。星期日玩了一天之后，星期一当然不会有甚么心向工作，星期二星期三是一星期中最苦闷的两天，一到这两天，我总归想自杀，活不下去；星期四比较安定一些，工作成绩也要好些，一过了星期四，人又变成乐天了，可是一个星期已过去大半，满心想玩了；星期五放了工，再也安身不住，不去看电影，也得向四马路[1]溜达一趟书坊，再带些东西回来吃，或许就在电车里吃，路上吃；星期六简直不能做工，人是异样不安定，夜里总得两点钟才睡去；可是星期日，好像六天做苦工的代价就是这一天似的，却是最惨没有的日子。星期日看的电影，总比非星期日看的没兴致得多，一切都是空虚，路一定

1　四马路：现上海福州路。

走了许多，生命完全变得不实在，模糊得很，也乏味得很；这样过去之后，到星期一灵魂就像是一片白雾；星期二它醒了转来，发现仍旧在囚笼里，便又要苦闷了。

你总有一天会看我不起，因为我实在毫无希望，就是胡思乱想的本领，也比从前差得多了，如果不是因为今天是星期五之故，我真不想活。

不骗你，我很爱你，仍旧想跟你在一起做梦。

朱

第025封

不要愁老之将至，你老了一定很可爱

昨天上午安乐园冰淇淋上市，可是下午便变成秋天，风吹得怪凉快的。今天上午，简直又变成冬天了。太容易生毛病，愿你保重。

昨夜梦见你、郑天然、郑瑞芬等，像是从前同学时的光景，情形记不清楚，但今天对人生很满意。

我希望你永远待我好，因此我愿意自己努力学好，但如果终于学不好，你会不会原谅我？对自己我是太失望了。

不要愁老之将至，你老了一定很可爱。而且，假如你老了十岁，我当然也同样老了十岁，世界也老了十岁，上帝也老了十岁，一切都是一样。

我愿意舍弃一切，以想念你终此一生。

所有的恋慕。

蚯蚓　九日

第026封

我不很快乐，因为你不很爱我

青女：

我不很快乐，因为你不很爱我。但所谓不很快乐者并不等于不快乐，正如不很爱我不等于不爱我一样。而且一个人有时是“不很”知道自己的，也许我以为我爱你，其实我并不爱你；也许你以为不很爱我，其实很爱我也说不定，因此这一切不必深究。如果你不接受我的欢喜，你把它丢了也得，我不管。因为如果你把“欢喜”还给我，那即是说你也得欢喜我，我知道你是不肯怎样很欢喜我的。你以为你很不好也吧，我只以为你是很好的。你以为将来我会不欢喜你也吧，我只以为我会永远欢喜你的。这种话空口说说不能令人相信，到将来再看吧。我希望我们能倒转活着，先活将来，后活现在，这样我可以举实在的凭据打倒你对我的不信任。

我永远不恨你骂你好不好？

不准你问我要不要钱用，因为如果我没钱用而真

非用不可的时候，我总有设法处的。要是真没有设法处，我也会自己向你开口的。此刻我尚有钱。

兄弟如有不好之处，务望包涵见谅为荷！

以后我每天或间一天给信你，你每星期给一次信我，好不好？其实我只要你稍为有点欢喜我，就已心满意足了，我相信你终不至于全然不喜欢我，有时你说起话来带着——不说了。

我发疯似的祝你好！

丑小鸭

第027封

如果我欢喜你，为什么我不能欢喜你呢

好友：

心里烦得写不出话来，可是又非写不可。我直到此刻都在恼，因为你说了“实在我这人很不好，免得你将来不欢喜我的时候要恨我骂我”的话。如果你提到将来，当然我起誓给你听也是没用的，但你如以为我对于你的友谊的发生是由于一时盲目的好感的驱使，那么你从开始就得拒绝和我做朋友的；你如以为我们的友谊是基于深切的了解，那么你就得信任这段友谊。除非你将来变了样堕落了，那时我为着过去友谊的关系一定要恨你骂你，否则我将没有不欢喜你的理由。至于我们自己好不好是各个人眼光判断的不同。如果你以自己为很不好，也没有不许我以你为很好的理由。而且一个人不该太把自己看轻，如果你能使一个人倾心相爱，你总有特别使他钦佩的地方，不见得是因为他实在找不到朋友了才要找到你。以我自己说吧，我知道我是极无聊极不好的家伙，然而至少

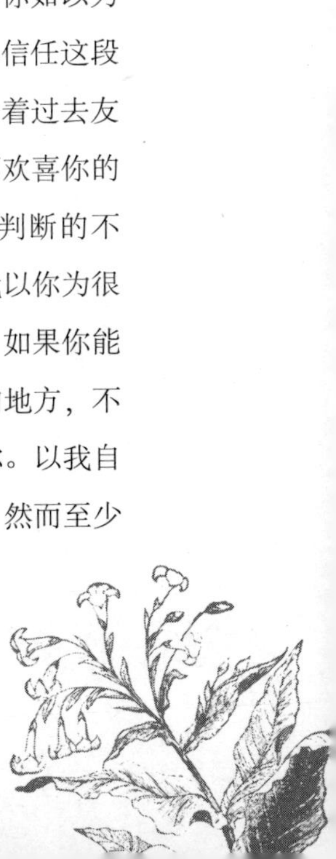

我相信即使我常爱说诳，心性轻浮，而且失去天真的心已沾上人世的污秽，但我对你的一片心总是可以向上帝交代，是真挚而纯洁的，因此当我赢得你的信赖时，我并不因为我不够和你攀朋友而觉得近乎僭越，我决不肯相信将来有一天你会翻脸不认我。如果我欢喜你，为什么我不能欢喜你呢？

语无伦次，余话再说。祝你好，我欢喜你！

你所不欢喜的人　十一

第028封

梦中不识路，何以慰相思

好朋友：

你知不知道我夜夜给你写信，然而总是写了一点，不是太无聊，就是话支蔓得无从收拾，本来可以写很长很长的信的，但是那很吃力，因此就去睡了。

我听见人家说，春天已快完了。今年这春天过的很有趣。其实觉得天气暖也只是不久的事，春天不春天本不干我甚么事，日子能过得快总是好，即使我们都快要老了。无论如何，我们老了之后，总要想法子常在一起才好。

今天到杨树浦底头跑了一回，看见些菜花和绿的草。静静的路上老头儿推着空的牛头车，有相当的意味。工厂里放工出来，全是女人，有许多穿着粗俗的颜色，但是我简直崇拜她们。

漠然的冷淡全不要紧，顶讨厌的是不关痛痒的同情，好像以为我生活得很苦很沉闷，而且有害身体，其实我是不会生活得比别人更苦的，而且你允许我这

样说，我还是一个幸福的人，我总是想自己比别人更幸福的。好友，我不该这样想吗？你是怎样好，怎样使我快乐，除开我不能看见你。

小说都已看完，《罪与罚》好得很，《波华利夫人》译得不好，比之前者动人之处也不及多，《十日谈》文笔很有风趣，但有些地方姑娘们看见要摇头，对女人很是侮辱，古人不免如此。

明天是所谓睏坦党的日子，或者，大概，要去领教领教 Garbo[1]。

我想起张荃，她出路有没有决定？大概是在家乡教书。

梦中不识路，何以慰相思。我是怎样的爱听你说话。

祝福。

朱　廿一夜

1　Garbo：葛丽泰·嘉宝，好莱坞著名女明星。

第029封

要是玫瑰已褪了色

我们的清如：

我们不知道几时才能再读到你一首较好的诗。如果我们是梦里的人们，我们要对那只作怪的夜莺说：“谢谢你，还是闭住你的嘴吧，我们希望你唱着歌带我们到神奇的美梦里去，你却要哗啦哗啦唤我们醒来。到天亮的时候，云雀会来唤醒我们的，此刻夜冷静得如止水，还没有到应该醒的时候哩。要是玫瑰已褪了色，就请你用血和泪把它染红了好不好？老实说，要是我们醒来看见玫瑰已褪了色，还是不醒来的好。”

我们待你好。

朱朱和我　廿八夜

第030封

给我充分的悠暇吧

清如：

William Davies 说的：

What is this life，if，full of care，

We have no time to stand and stare ？[1]

如果我向上帝祈求，我将说，给我充分的悠暇吧！看云的悠暇，听雨的悠暇，赤脚在椅背上打盹的悠暇，做诗、谈恋爱、自寻烦恼的悠暇，或者就是全无思虑的，在一两点钟内给朋友写一封无所不谈的随笔的信的悠暇。然而我的心是那么空虚又那么惶惑，那么寂寞又那么懒。实在我有许多偶然触及的思想，一些偶然忆起的琐事，我闷得很，我很需要告诉你，然而总似乎没有气力把这些搬到纸上。给你写信是乐事也是苦事，我也说不出我是如何思念你。

生涯是全然的无望。

1　诗句大意："生活会变成什么样，假如整日充满着忧思念，我们将没时间驻足欣赏。"出自英国诗人 W.H. 戴维斯的诗歌《Leisure》（闲暇）。

第031封

等到再看见你时，我又老了一百岁

宝贝：

我倦眼蒙眬地给你写信，现在是下午四点三十三分。昨夜看小说看到二点多，今天倦得想死。我不想骂你，第一因为我倦；第二因为你叫我不要骂你；第三因为我并不比你好，不配骂你；第四即使我不倦，即使你叫我骂你，即使我配骂你，我也不愿意骂你，因为你是宝贝。

为什么我不会欢喜你向我饶舌呢？你自己懒得动笔，莫要推在我身上，我不要你那样体谅我。我多希望你一天到晚在我耳朵边叽叽呱呱，那么我永远不会神经衰弱。只要你不嫌吃力，一天对我讲四十八个钟点的话我都不会厌倦。

越是想你，越没有梦，福薄缘悭，一至于此！昨夜好容易到将醒来时才梦见接到你一封薄如蝉翼的信，还来不及拆开看时已经醒了，这种梦简直不值一

个大[1]。

我只盼望星期，我愿意什么事都不做，只是玩，吃东西，活着一点不快乐。

等到再看见你时，我又老了一百岁了。作算我再能看见你三十次，作算每次都是整整的一天，作算我们还有三十年好活，那么我还有10927.5天不看见你，30天看见你，这比例叫人气馁。

1 不值一个大：方言，大意为“一文不值”。

第032封

把你欺负得哭不出来

宋：

你把我杀了吧，我越变越不好了。

我想不出你将来会变得怎样，但很知道我自己将来会变得怎样，当我看见一个眼睛似乎很贪馋，走路东张西望，时常踩在人家脚上，嘴里似乎喃喃自语的老头子，我就认识，这就是我。

今天幸亏天气好——不热，有些雨，否则我一定已经死了，最近的将来我一定要生几天病，因为好久不病了。

要是世上只有我们两个人多么好，我一定要把你欺负得哭不出来。

俚词四首（借用张荃女史诗韵）

水面花飘水面舟　猖狂一辈少年游
宁教飞花随水去　莫令插向老人头

美人汗与花香融　且敞罗衫纳野风
春去春来都不管　好酒能驻朱颜红

恼杀枝头间关禽　恼杀一院春光深
敲碎一树桃李花　莫教历落乱侬心

陌上花儿缓缓开　天涯游子迟迟回
只愁来早去亦早　不如日日盼伊来

我爱宋清如，因为她是那么好。比她更好的人，古时候没有，以后也不会有，现在绝对再找不到，我甘心被她吃瘪。

我吃力得很，祝你非常好，许我和你偎一偎脸颊。

无赖　星期日

第033封

我要打宋清如，那尼姑

清如：

要是我死了见上帝，一定要控诉你虐待我。

人已做到了山穷水尽的地步，再有何说？要是我进了修道院，我会把圣母像的头都敲下的。

总之你是一切的不好，怨来怨去想不出要怨什么东西好，只好怨你。

今天提篮桥遇见了苏女十，照理一年不见了应该寒暄几句，可是她问我那里去，我想不出答案，便失神似的说回去，她似乎觉得这话有点可笑，我只向她笑笑而已，一切全是滑稽。

愿上帝祝福所有的苦人儿！

如果穷人都肯自杀，那么许多社会问题，都可不解决而自解决，我以为方今之世，实有提倡自杀的必要。

总之你太不好，我这样不快活！

再没有好日子过了，再不会笑笑了，糖都要变成

苦味了，你也不会待我好了。

总之这样下去是不成的，我宁愿坐监牢。

为什么你要骂我？为什么你……人家都给他们吃，只不给我吃，我昨天不也给你吃花生？

我秘秘密密地告诉你，你不要告诉人家，我是很爱很爱你的。

我是深爱着青子的，

像鹞鹰渴慕着青天，

青子呢？

睡了。

鹞鹰呢？

渴死了。

没有茶吗？

开水是冷的。

我要吃 ice cream[1]。

我要打宋清如，那尼姑。

1　ice cream：冰激凌。

第034封

但愿来生我们终日在一起

宋：

于是你安然到了家里，我也安然活着。当然我并不愿你来，也不盼你希望你来。今天又是下雨，但你不来而以因为我不愿你来作理由，却太使我恼，因为这是你第一回听我的话。如果我说，我愿你爱我，你愿不愿爱我呢？世上的事都是这样的，你如向人请求点恩惠，人家便将白眼报之，要是请他打一记耳光，人家便会欣然应命的。

当然是我的无理，你不要以为我怪你，但以后请你不要诱我了吧，那真有点难堪。

但愿来生我们终日在一起，每天每天从早晨口角到夜深，恨不得大家走开。

朱　廿六

第叁辑

我一天一天明白你的平凡，却一天一天愈更深切地爱你

第 035 封

为什么我一想起你来，你总是那么小

好：

我希望世上有两个宋清如，我爱第一个宋清如，但和第二个宋清如通着信，我并不爱第二个宋清如，我对第二个宋清如所说的话，意中都指着第一个宋清如，但第一个宋清如甚至不知道我的存在。要你知道我爱你，真是太乏味的事，为什么我不从头开始起就保守秘密呢？

为什么我一想起你来，你总是那么小，小得可以藏在衣袋里？我伸手向衣袋里一摸，衣袋里果然有一个宋清如，不过她已变成一把小刀（你古时候送给我的）。

我很悲伤，因为知道我们死后将不会在一起，你一定到天上去无疑，我却已把灵魂卖给魔鬼了，不知天堂与地狱之间，许不许通信。

我希望悄悄地看见你，不要让你看见我，因为你不愿意看见我。

我寂寞，我无聊，都是你不好。要是没有你，我不是可以写写意意[1]地自杀了吗？

想来你近来不曾跌过跤？昨天我听见你大叫一声。假的，骗骗你。

愿你好好好好好好好。

米非士都非勒斯[2]　十三

1　写写意意：方言，大意为“舒舒服服”。

2　米非士都非勒斯：Mephistopheles（现多译为“靡菲斯特”），歌德诗剧《浮士德》中，与浮士德订约的魔鬼。

第036封

我与小猫哪个好

回答我几个问题：

1. 我与小猫哪个好？

2. 我与宋清如哪个好？

3. 我与一切哪个好？

如果你回答我比小猫比宋清如比一切好，那么我以后将不写信给你。

4. 我要不要认得你？

5. 小猫要不要认得你？

6. 小猫要不要认得我？

说起来很惭愧昨夜我做梦 梦里我总是英雄而且比醒的时候多情得多 因为英雄自古必多情 醒时不过是阿Q的兄弟阿R 自然只好不多情了 想想看多么好笑 我不给你信 你就会干死枯死 那么我即使不爱你也只得爱你了 好 后天晚上同你捷克斯拉夫京城里看电影去[1]

1 此段内容原信件未加标点。

第037封

我在于你，不过是一个认识人而已

清如：

你的几句话狠狠激怒了我。什么是普通的祝福，什么是不普通的祝福，我不甚清楚，说你待我好的话，不过是因为我在这里很寂寞，谁也不待我好，只你肯频频给信我，故心理上觉得你待我顶好，我不可以这样想吗？凡你对我说过的话，我总相信；不曾说过的，我不想知道也不欲妄测。既然你告诉我了，我知道了而且相信。本来我没有要在你心上占据“特殊”地位的野心，就是你当不当我朋友也满不在乎；我对于你的态度虽似狂妄一些，好像如你所想，不应该这样热烈似的。但我确信我的爱你并没有逾乎一个朋友的爱的界限；也许别人对于朋友的见解不过是普通的泛常的来往应酬，那我就不知道了。我说话常时是放肆一些，即使是在给女朋友的信中，会待好待好地招人疑忌。其实那些话在我倒并不觉得一定是向异性献媚求媚的话。即是普通的朋友，也尽有可以爱的

理由，只要别缠到歪处去。我不甚愿和女性交际（如我是女子，我也不甚愿和男性交际），更不愿与任何一女子发生友谊以外的关系。你将永远是我少数的几个女友中之一，也许将是我唯一的女友，不知道你能不能相信我？但你并不待我好，故朋友云者，也不过是我一方面而言。至于我在于你，不过是一个认识人而已，是不是？

愿你好。

朱朱　六日晨起

第038封

不要绝交好不好

老弟：

我的意象，

腐烂的花，腐烂的影子，

一个像哭的微笑，

说不清的一些乱七八糟的梦，

加上一张你的负气的面孔，

构成一幅无比拙劣的图画。

说绝交在理论上完全赞成，事实上能不能实行是一个问题，因为如果单是面子上装作绝交，大家不通信不见面，这是很容易的，但能不能从心理上绝交呢？至少我没有要下这一个决心的意思。你的没用你的可怜的怯弱除了你自己以外就我知道得最清楚，大英雄无可无不可，决不会像你那样倔强好胜的。我是怎样一种人你也大部分都知道，有些地方和你很相近，也有些地方和你不同，要是你以为我是个了不得的人，当然你不敢称我作孩子的。如果我们不想以幻

像自欺自慰，那么要获得一个比真相更美的印象是不必的。我不知道你会不会有一天要讨厌我起来，但我可以断定的是我决不会讨厌你，你完全中我的意，这不是说我只看见你好的一方面而忽视了不好的一方面，实在我知道你不好的地方太多了，有些地方简直跟我的趣味相反，但如果你的好处只能使我低头膜拜的话，你的不好处却使我发生亲切的同情，如果你是一个完美的人，我将永不敢称你做朋友。三分之二的不好加上三分之一的好，这样而成的一个印象对于我觉得是无比的美妙，因为她不缺乏使我赞美之点，同时是非常可以同情的，如果把这印象再修得好一些，反而会破坏她的可爱，因为她将使我觉得高不可及了。

我所说的你的不好处不过是以客观的标准而评定，在我主观的眼中，那么它们是完全可爱完全好的。

因此我说，不要绝交好不好？

十日午后

第 039 封

你怕不怕肉麻

你怕不怕肉麻？如果不怕肉麻，我便把一切肉麻的称呼用来称呼你。[1]

我相信我将不能认识你，因为现在我确已完全忘记你的面貌，下回得再把你看得仔细些记得牢些。你愿意我在什么时候来看你？今天下午？大后天？下一个月？明年？还是一百年之后？我真疼你疼你，希望没有大狼会来驮了你去。

你说我们将来会如何结局？还是我不要了你，你不要了我，大家自然而然地彼此冷淡下去，还是永久跟现在一样要好，或是有什么其他的变化？我相信将来也许你会被我杀死也说不定。照你想来，如果我们在一块儿生活，会不会是一件很可怕的事？

我觉得我很“滑稽”(这滑稽两字不是说富于幽默，善诙谐之意，而是指一种莫明其妙但也并非莫明其妙的状态)，我把自己十分看轻，这是一件很可怜的事，自命不凡固然讨厌，但自己看轻自己则更没出息，如之何？

1　原信件此段前后有内容缺失。

总之你是非常好非常好的，我活了二十多岁，对于人生的探讨的结果，就只有这一句结论，其他的一切都否定了。

当然我爱你。

综合牛津字典　十三

注意：如果你不喜欢这封信，当然你可以假定这不是写给你的，而且我也可以否认这是我写的。

第040封 不要让她消瘦，否则我不依

天如愿地冷了，不是吗？

我一定不笑你，因为我没有资格笑你。我们都是世上多余的人，但至少我们对于彼此都是世上最重要的人。

我一天一天明白你的平凡，同时却一天一天愈更深切地爱你。你如照镜子，你不会看得见你特别好的所在，但你如走进我的心里来时，你一定能知道自己是怎样好法（这是一个很古怪的说法，不是？）。

一切不要惶恐，都有魔鬼做主。

我真的非常想要看看你，怎么办？你一定要非常爱你自己，不要让她消瘦，否则我不依，我相信你是个乖。

Lucifer[1]

---

1 Lucifer：路西法，西方宗教传说中的堕落天使。

第041封

不痛快

宋：

心里不痛快的时候，也真想把你抓起来打一顿才好。

朱　廿四

第042封

我不要损害你神圣的快乐

清如：

我知道你不爱见我，但不曾想到你要逃避我，我只是你一个平常的朋友，没有要使你不安或怅惘的理由。见一见你，我认为或者是尚可容许的我的仅余的权利，当然我也辨不出是悲是喜，但我总不能抑制着不来看你，即使自己也知道是多事。倘使我的必须是被剥夺去一切生人的乐趣，永远流放在沙漠中的命运，必须永远不再看见一面亲爱的人，那么我等候你的吩咐，我希望那会使你不感到不安。

我不要休息，也不能休息。有钱的人，休息的意义是享福，可以把身体养得胖些；对于我们这种准无产阶级者，休息的意义是受难，也许是挨饿。我相信我更需要的是一点鼓舞，一点给人勇气的希望。我太缺少一切少年人应该有的热情。

在你母亲的身旁，不要想到我，我不要损害你神圣的快乐。

为你祝福。

朱 十九

第043封

我希望自己能变好一些，使你更欢喜我

清如：

假使你再跟我多接触一点，那么我仍然会变成你所鄙弃之群中的一个，这话你相不相信。我实在是个坏人，但作为你的朋友的我，却确实是在努力着学做好人，我很满足，因为这努力已获得极大的报酬，可以死无遗憾的了。

说起来有些那个，每回接到你信，虽是很快活，但也有些害怕，生怕你会说嗔怪我的话。我太不天真，心里有太多的尘埃，话如果不经滤过而说出来，有时会使自己回想起来很难为情，到那时侯，也只好涎着脸说“说过的话不算”而已。人要是不能原谅，那么世间将无一个可以称为好朋友的人，如果不是相信你能忽视我的愚蠢可笑的地方，我一定永远不愿意看见你，因为见了你我将无地自容。

以前我最大的野心，便是想成为你的好朋友，现在我的野心便是希望这样的友谊能继续到死时（把这

称为野心，我想是一点也不过分)，同时我希望自己能变好一些，使你更欢喜我。

人总是那么一种动物，你无论到哪里总脱离不了可厌的诸相，少理会理会他们就是。厌恶是不必，因为你厌恶了人，人也要厌恶你，但你如不理会人，那么人也不理会你，这就很清净了。骂女同学不值三角三的人，其实原来他不会如此无礼，都是因为他在人眼中自身也不值三角三之故，因此这算不得是侮辱，只能说是阿Q式的复仇。

和异性相处，最好的方法，便是不要过立崖岸，稍为跟他们随和一些，但不要太狎近。有许多女同学遭人嫉骂，都是因为过于矜持，不大方之故。在男女同学的环境中，太装出不屑为伍的神气，的确是足以令人难堪的（当然不屑为伍也许有不屑为伍的理由，但人总是昧于责己，只知道你神气，而不知道反察自身)。我在之江读了四年书，同班的女生，也有到最后一学期，路上相遇如不相识的，这种人我总不知道为什么要到有男人的学校里来念书。男人有时确是很下流，但这是因为他们从未学得尊重女性之故，在他们的经验中，只以为女子是另外一种人类，要把这种思想打翻，男女同学的学校实在是一个最适宜的改造观念的场所，但因为女子一方面的性格上的消极性质，在学问上少合作，课外活动方面不和男生竞争，学校当局则务为不彻底的防闲，对于正规的异性间友谊不加以奖励（他们都以为这些青年们是挺会交朋友的，其实有些只会瞎谈谈恋爱，有些非常面嫩，而有些则对于异性有着成见的憎恶)，这些都足以阻碍双方理解的成立，而使男女同学一句话成为虚名，甚至只有坏处而无好处。我以为比如说在之江一类学校里毕业了出来，如果是男子，那么不曾交到一个女朋友还不算奇怪，因为女同学人数少，在较少人数中选择一个朋友，机会是要少些，但如是一个女学生，那么至少也得有二三个以上的男朋友（不是说谈恋爱的人)，因为二三百男子中，说是没有人配作她的朋友，这样的女子未免自视太高一些。不过这样的话，在目前是谈不到，男女间差异过大，隔膜太深，在客观环境未更变以前，他们间的关系还只能以恋爱结婚为限，这是无可如何的。我们当然都是理想主义者，也许在旁人眼中是可笑的也说不定。

读了生物学之后，你会知道所谓两性这一问题是如何一种悲剧。人类间的异性爱能从盲目的本能变成感情的交响，再从单纯的感情经过理智的洗练，因是创造出一种完全不同的事物出来，不能不说是绝大的进步。现今人类还不能不忍受许多生物学上定则的束缚，但几千年后，借着科学的能力，也许关于人类的生存和生殖两个问题有着另一的方式，而男女性将变为仅仅是精神上的区别，以彼此的交互影响提高文化的标准，这未不便是梦想，但那时人类当已进化到另一种阶段！

又是胡说。此刻我要出去，暂时不写了。

愿我亲爱的朋友与世无争，自得其乐。做人只有两种取乐之道，一种是忘我，忘了“我”，则一切世间加于“我”的烦恼苦痛皆忘！一种是忘人，忘了“人”，则一切世间的烦恼苦痛皆加不到我的身上。

朱朱　三日

第044封

你如真爱我，那你一定是个大傻子

小弟弟：

你才真傻，我又不问你爱不爱我，不过嚷嚷而已，其实你自己早对我说过了，我何必再问你？这正和我说我爱你一样，都不过是随口唱的山歌。而且你如真爱我，那你一定是个大傻子。(其实你不许我问你是你的自由，我问你也是我的自由，是不是？)

我已有充分的证据证实你生于民国元年岁次壬子，西历一千九百十二年，跟我同年岁，但我比你长三个多月的样子，这是毫无疑义的。说诳即使说得不合情理，至少不要自己露出马脚来才是，你有什么资格叫我弟弟？

我说你解除婚约一回事真不聪明，我承认一切都没有意思，代定婚姻，自由恋爱，以及独身主义三件事的价值同样等于零，因此何不一切随其自然？毕竟你还有点革命精神，不够做一个哲学家（比较起来，我觉得代定婚姻比自由恋爱好些，假如那父母是真有识见而真爱儿女的话，而且即使结果不美满，也可以归咎别人，不似自己上了自己当的有苦说不出)。

我不愿说吴大姐[1]甚么坏话，其实她也没有什么不好，除了太女人气一点，我总没有法子使她了解我，你瞧我如不向她提说你，她便会猜疑我对她不忠实，我如向她提说你，说你很有趣很可爱，她又要生气不快活。当初我什么心腹话都给她说，我对你有了好感第一个便告诉她，她说："可笑！"那时我便伤透了心，我懂不出为什么她跟我做朋友便不可笑，而我跟别人做朋友便可笑。后来我知道她宁愿让我瞒着她跟人家要好而她自己假装不知道，这种态度虽也值得矜怜，但和我的主义太不合了。假如现在有一个人和你发生了很热烈的感情，初知道时我也许有点不快，但如你把他介绍给我以后，我也一定会和他成为好朋友，因为如果我爱你，你爱他，那么照逻辑推下去，我也一定得爱你所爱的人。我跟吴大姐有一个共同的朋友，他比我先跟她有交情，因为他是一个很忠厚而有道德（不像我一样轻狂）的人，已娶了妻子，因此不曾和她走上所谓恋爱的阶段。后来他对我的感情比对她的感情还好，但直到现在他对她都是一样的热情。当初我们三个人都说过彼此以同性朋友看待，我总不以为我跟你交朋友和跟郑天然任铭善交朋友或她跟陈敏学交朋友有什么不同，但这种思想也许只是傻子才会有，她不是傻子，因此不能懂我。说起来很奇怪，在我和她第一年同学的时候，彼此还根本说不上有甚么交情，但已经常有人对我说，"吴大姐很爱你哩，"我当时不过以为人家开我的玩笑，其实我总觉得她不够爱我，她很难得给我说推心布腹的话，一切总是讳莫如深的样子，又常常要生我的气，我知道她

1　吴大姐：朱生豪之江大学的同学。

是爱我的（现在她一定不肯承认），但那种爱很不能惬合我的心理，因为我要的是绝对没有猜疑的那种交情。

也许我十四下午仍会来杭州。我待你好。

阿弥陀佛

第045封

一个失去了春天的心

清如：

凄惶地上了火车，殊有死生契阔之悲，这次，怕真是最后一次来之江了。颇思沉浸六个钟头的征途于悲哀里，但旋即为车厢内的嘈杂所乱，而只剩得一个徒然的空虚之怅惘了。八点多钟回到亭子间里，人平安。

你会不会以为我这次又是多事的无聊？我愧不能带给你一点美好的货物，并不能使自己符合你的期望。每次给你看的一个寒伧的灵魂，我实不能不悲哀自己的无望。我没有创造一个新运命的勇气，不，志愿，又不能甘心于忍耐。正同你说的，我惟蕲速死，但苦无死法，人生大可悲观。人云，难得糊涂，虽糊涂的骨子里实具有危险，我苦于不能糊涂。

但只你我的友情存在一天，我便愿意生活一天。如果我有时快乐，那只是你美丽的光辉之返照。我不能设想有一天我会失去你，那是卑劣的患得患失的心理，我知道。我相当的爱我每一个朋友以及熟识的人，可能的话，我也愿爱人生和举世一切的人，但我是绝对的爱你，我相信。我希望这不是一个盲目的冲动，我该不能再受感情的欺骗了。

这次给我一个极度美丽的记忆，我不能不向你致无量感激敬爱之忱。我害怕我终不会成为你的一个真的好朋友，因我是一个不好的人，但我愿意努力着，只要你不弃绝我。

谁知道我们以后还会不会会见了！哀泣着的是这一个失去了春天的心。春天虽然去了，还能让它做着春天的梦吗？虽然是远隔着，在梦里我不愿离开你，永远。

愿你真的快乐，好人！

朱　十八夜

第046封

跟别人在一起的时候，我总是格外厌世

好人：

挨过了一个无聊的聚餐，回到斗室里剥去衣裳(我不想对你讲究无聊的礼貌，一定要衣冠端正而写信)，便在纸上写上了好人两个字，这光景正像受了委屈的孩子扑到娘怀里便哇的一声哭起来一样，除了这我也想不出什么安慰自己的办法了。

委屈是并没有什么委屈，不过觉得乏味得很，跟别人在一起的时候，我总是格外厌世的。今晚是本级在上海的同学欢送陈尧圣出国，虽然都是老同学，我却觉得说不出的生疏；坐在那里，尽可能地一言不发，如果别人问我什么，便用最简短的字句回答，能用点头摇头或笑笑代替则以之代替。我总想不出人为什么要讲那些毫无意义毫无必要的“你好”“忙不”“放假了没有”“几时来拜访”“不敢当，请过来玩玩”一类的话。

只有你好像和所有的人完全不同，也许你不会

知道，我和你在一起时较之和别人在一起时要活泼得多。与举世绝缘的我，只有你能在我身上引起感应。[1]

建筑月刊从最近期定起，计洋五元六角，定单上的 5 字写得不大容易辨认，故再写一笔，免得查问。

我爱你永远爱不完，愿蚊子不要叮你。

朱　廿七

1　原信件此处后有一段内容缺失。

第047封

除了你之外，我不许任何人待我好

二姊已经睡得好好的了，小弟刚看卓别林回来，胡闹得有趣。

雁歌暝归霞　楼凤惨瘗残
屏墨香尘老　轻灯舞往还

宿酒愁难却　旅尘染鬓寒
临江慵写黛　病却盼花残

素缕委尘白　软绡染水红
春归絮舞苦　花老燕飞慵

千里无情月　尚临别梦明
断魂残酒后　掩泪倚青灯

——拼字集句成四首

这玩意儿是我发明的，即是把一些诗词抄在纸上，然后一个一个字剪下来，随意把各字拼凑成一些不同的诗句，如上例。很费心思，你一定不耐烦试。然而我待你好。

廿八夜　爱丽儿

我想要是世上有一个人，比你更要好得多，而且比你更爱我，那么我一定会忘了你的。不过那是谎话，如果真有那样一个人，我一定要咒诅那人，因为比你更好，即是不好。而且我为什么要人爱我呢？你倘不待我好我也一样待你好，除了你之外，我不许任何人待我好，但你待不待我好全随你便。

如果我忘了你，你会不会“略为有一点”伤心呢？我知道你一定会说“绝不！”为着这缘故，我更不肯忘了你，因为一个人如被人遗忘了而一点不伤心，这表示那忘记她的人对她会不值一个大，这是何等的侮辱呢。

莫名其妙的，日常我觉得我很难看，今天却美了一些。

你的鼻子有些笨相，太大一点，你试照照镜子看，你的眼睛最美，那么清澈而聪明，眉毛的表情也可爱。脸孔的全部轮廓，在沉静和愠怒时最好看，笑起来时，却有些凄惶相。是不是胡说呢？你的手跟你写的字一样太不文雅，不过仍然是女性的，令人怜疼，想要吻吻它们。

廿九晨

第048封

我想我并不太苦，也许有点太幸福

宋：

信不知怎样写法。有时我常惭愧我自己，也会觉得我不配做你的朋友，有时。

我本来不算生病，人照常好。我想我并不太苦，也许有点太幸福，我想。

在这世上，比宋再好的人，我想是没有了。

今天不放假也好。天仍是阴，心里仍是闷。但无论如何，我算在友情里（可不可以说你的？）找到了活在世上的意义，寂寞实在是够人耐的。让我永远想望那一点天外的星光过活，纵便看不见他，在梦里我要给他无数吻。

我们人类的感觉，许多是在自己的感觉里夸张了的，我们正也需要这类的夸张。

愿你有一切的快乐，我是你的。

朋友　五日

第049封 你是如此可爱而残忍

好人：

你简直是残忍，一天难挨过似一天，今天我卜过仍不会有你的信来。我渴想拥抱你，对你说一千句温柔的蠢话，然这样的话只能在纸上我才能好意思写写，即使在想象中我见了你也将羞愧而低头，你是如此可爱而残忍。

我决定这封信以情书开头，因此就有如上的话，但这写法于我不大合适，虽则我是真的爱你，如同我应该爱你一样。

如果到三十岁我还是这样没出息，我真非自杀不可。所谓有出息不是指赚三百块钱一月，有地位有名声这些。常常听到人赞叹地或感慨地说，“什么人什么人现在很得法了”，我就不肚热那种得法，我只要能自己觉得自己并不无聊就够了。像现在这样子，真令人丧气。读书时代自己还有点自信和骄矜，而今这些都没有了，自己讨厌自己的平凡卑俗，正和讨厌

别人的平凡卑俗一样，趣味也变低级了，感觉也变滞钝了。从前可以凭着半生不熟的英文读最艰涩的 Browning[1] 的长诗，而得到无限的感奋，现在见了诗就头痛，反之有时看到了那些又傻又蠢气的电影，倒要流流眼泪，那时我便要骂我自己，“你看看你这个无聊的家伙，有什么好使你感动的呢，那些无灵魂的机械式的表演？”真的我并不曾感动，然而我却感动了。一个人可以和妻子离婚，但永远不能和自己脱离关系，我是多么讨厌和这个无聊的东西天天住在一个躯壳里！如果我想逃到你的身边，他仍然紧跟着我，因此我甚至不敢来看你，因为不愿带着他来看你。我多么想回到我们在一处作诗（不管是多么幼稚）的“古时候”，我一生中只有那一年是真的快乐，真的满足，满足自己也满足世界，除了太过渺茫了的我的童年，那还是太古以前的事，几乎是不复能记忆的了。

你知道火炉会使人脸孔变惨白，但你不知道人即使在火炉旁也会冻死的，如果有人不理他。杭州已下雪了，这里只有雨，那种把人灵魂沾满了泥泞的雨。冬天唯一的好处是没有臭虫，夜里可以做梦，虽然我的梦也生了锈了。

寄与你一切的思慕。

朱儿

1 Browning：布朗宁，维多利亚时代诗人。

第050封

即使你是宋清如

清如仁姐大人芳鉴：

我希望你能再稍为待我好一些，这对我本无关系，因为我是个死人，随人家怎样待我都是一样，所以如此希望你者，不过为着你良心上的安宁起见而已，将来末日审判的时候，也庶几可以无疚于圣父圣子圣灵之前。

举今天的事情来说，我抱着万一的希望奔到了汽车站，迟了七步半，废然而归，本来希望只是万一，因此失望也只是万一，所有的损失，也不过是半身臭汗，一顿中饭、二角车钱、三刻钟迟到而已，但告诉了你，你岂不要不安乎？

你瞧，你如不希望我来看你，就不该告诉我时刻，告诉我时刻，就表示你的不希望我来看你并无诚意，此足下之一不该也；你如不愿见我，就不该特地从上海过有心逗我气恼，此足下之二不该也；你应该早一点发信或再迟一点发信，偏偏要把信在这尴尬的

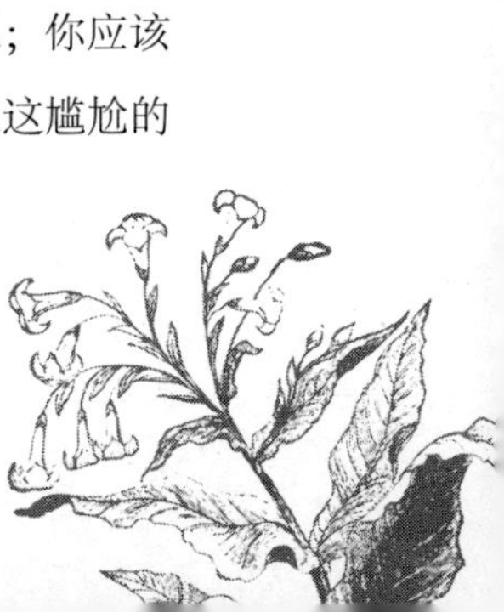

时间寄到我手里，此足下之三不该也；如果你不希望我来看你，就应该在信上写明“希望你来看我”，那么我为着要给你吃一次瘪起见，一定会不来看你，计不出此，此足下之四不该也。有此四不该，虽欲不打手心，不可得矣。

希望你快快爱上了一个人，让那个人欺负你，如同你欺负我一样。

小弟朱生敬启　十六

而且即使你是宋清如，也不应该把地址写成地趾。

寄来的女人照片，我绝对不认识是谁。

第肆辑

风和日暖，令人愿意永远活下去

第051封

念你，像生着病

清如：

我心里很悒郁很悒郁。你的信来了，拿在手里，心微微地痛。读了之后，更懊恼得说不出话来。我已写过两封信，寄在栏杆桥。现在写信，又忘记了你常熟的地址号数，得还家翻了出来才能付寄。心真急，话，今天说了要隔天才能听到，已不痛快。回音，又有得等的。冬天的日子也是这样长。这里，有的是把冷淡当作友谊的“好朋友”。我，没有话说，只念你，像生着病。我心里很悒郁很悒郁。不要失约，好人！我把一天当一年过、等候着你。我不能让你在我身边闪过，我要望着你，拉住你，相信不是在梦里。天！我愿意烧，愿意热烈，愿意做一把火，一下子把生命烧尽。我不能在地窖里喊忍耐，一切是灰色得难受，灰色得难受。死，也得像天雷砸顶那么似的死，火山轰炸那么似的死，终不能让寂寞寸脔我的灵魂，心一点一点地冻成冰。我怕冷。愿你好。如果我不是这样不自由，我将飞到随便什么地方来看你。说不尽的心里的一切。

朱　十九下午

第052封

我是宋清如至上主义者

我不知是什么东西，卢骚的《新哀洛绮思》(师范英文选第三册选入，这种物事好教学生！以文章而论，歌德的《维特》当然好得多了)。恋爱，恋爱，那种半生不熟，十八世纪式的恋爱，幼稚而夸张，无谓的 sentimentalism[1]，佳人＋才子＋无事忙热心玉成好事的朋友＋扭扭捏捏不嫉妒的“哲学的”丈夫，这位丈夫，是卢骚特创的人物，篇中谁都佩服他，实际是最肉麻的一个。

你不用赌神发咒我也早相信你了，前回不过是寻晦气的心情，其实我总不怪你。

我顶讨厌中国人讲外国话，并不因为我是个国粹主义者，如果一个人能够讲外国话，讲得比他的本国话更好的话，那么他尽有理由讲外国话，否则不用献丑为是。

好人，我永远不对你失望，你也不要失望自己。

我希望你不要用女人写的信纸。

我以为理发匠非用女人不可，有许多理发匠太可

1　sentimentalism：感伤主义。

怕，恶心的手摸到脸上，还要碰着嘴唇，叫你尝味它的味道。嘴里的气味扑向你鼻孔里，使人非停止呼吸不可。中国人喜欢捶背狠命扒耳朵，真是被虐待狂。

伤风好了没有？你真太娇弱。

我不笑，不是不快活，无缘无故笑，岂不是发疯。

后天星期日。

接到你的信，真快活，风和日暖，令人愿意永远活下去。世上一切算得什么，只要有你。

我是，我是宋清如至上主义者。

人去楼空，从此听不到“爱人呀，还不回来呀”的歌声。

愿你好。

Sir Galahad[1]

P.S. 我待你好

1　Sir Galahad：亚瑟王传说中的圆桌骑士之一。

第053封

问答

一九三五年一月廿三晚间

今天曾到什么地方走过？

四点半因为寄一封信出门去，茫然地坐 bus 到外白渡桥下来，抄到北四川路邮政局前，摊头上买了一本《良友》(不好，印刷也大退步)，旋即回来，总之，做人无趣。

刚才吃过夜饭吧？

是的，今夜饭菜有鸡、虾、咸肉等，虾是二阿姨从常州带来的，伯群先生也在座，看样子他们的婚期就在最近，青春过了的人，对于这种事，除了觉得必要这一个思想外，不会感到怎样的兴奋吧。总之，人生不过尔尔。

请问，足下对于婚姻的意见。

这是个无聊的发问。我只觉得看着孩子们装新郎新妇玩是怪有趣的，变成真事就没趣。总之，浮生若梦。

感慨很多吧？

没有什么感慨。有一个朋友因放学需钱，要向我告借五块，有趣得很，端整的钢笔字写了满一页，开首是寒暄，于是说我心性倾向悲观，应当怎样求解脱，念佛修行……

是不是开玩笑的写法？

不，完全是一本正经的，他是个古怪的佛教徒。于是借钱。钱我借不出，五块钱是还有，预备留在身边。去年他也向我借过五块，那时正是闹裁员欠薪，我一块都没有，好容易设法寄了他，不但不还，收到后回信都不给。在现在懒得一切的心情里，像煞有介事的写复信去给他声明苦衷兼讨论大乘教义的事，也只能作罢了。一切有为法，如露亦如电。

今天晚上预备如何消磨？

可怜也，本想一头钻到被里翻旧的外国杂志看，可是心里觉得怪无可如何的，想写信给澄哥儿[1]。

他今天没信来吗？见了相依为命的母亲的面，该是怎样的悲喜交集吧。

今天望了一天信，只要知道他平安快乐就好了。做人有什么办法，不要见的人天天混在一起，心里欢喜的人一定要盼呀盼呀才盼到一天半天或者几十分钟的见面。

得了，你有那么好的一个朋友，岂不应该心满意足了吗？这世上，寂寞的人，心灵饥饿的人，是多到无可胜计哪，比之他们，你算是特别幸福的了。

（受了恭维，很快活）所以，我总不承认我是 pessimist[2]。

---

1 指宋清如。

2 pessimist：悲观主义者。

你现在希望什么？

容我思索一下。——希望生活有些满意的变化，这是 uncertain[1] 的。最远一个希望是死，永久的安息。比如拍电影，这是远景，把镜头尽量推近，一个可能的希望是不久能再看见我的朋友（你知道我说的是谁）；再推近，一个半身景，这希望是快些放阴历年假；再近，一个面部的特写，是希望最近的一个星期日。

近来看过电影没有？

正式看过的只一张《国际大秘密》，片子不坏，人材不差！但趣味不浓厚，是美国式的俄国革命影片，其中的列宁扮得很像。中央电检会通过准映，但今天报纸上又载重新禁映了，不知什么理由。其实是非常灰色的一张。

领教领教，现在预备写信了吧？

不，算了。今晚一定早点睡。

那么再说，愿你今夜有个好梦。

看见宋吗？我想我不会有那样福气。

1 uncertain：不确定的。

第054封

看见太阳，心里便有了春天

人生当以享乐为中心。第一种人眼前只道是寻常，过后方知可恋，是享乐着过去。第二种人昨日已去，不用眷眷，明日不知生死，且醉今宵，是享乐着现在。第三种人常常希望，常常失望，好在失望后再作新的希望，现实不过如此，想象十分丰富，是享乐着未来。你在读书时可以想象放假而快乐，放假时可以想象读书而快乐，于是永远快乐。

我假从二月二日（记住那是我的阳历生日，阴历生日已过去两个星期）放起，不想就急急回家，那天（明天）上午或者去买东西，下午或者去看舞台人的演剧，或者晚车回去，三日四日五日六日都在家，七日回上海，八日再可以玩一天，九日上工，十日星期仍上工，到十七再玩。

到家里去的节目不过是吃年糕，点蜡烛，客人来（我希望她们不要叫我拜客了），以及叉叉麻将。

新近发现了一条公理：凡是巴巴的来看我的朋友，都不外是因为：1. 借钱，2. 托我事情；其余的朋友都不愿意见我，这最近有好几个例证：

一、一个在苏州的好几年不见但常通信的朋友到上海来，打电话叫我到中央旅社看他，我把中央误听了东亚，找不到，后来他说，本想来看我，想想见面没甚么意思，因此就走了。

二、你过上海时我来车站望你，你说我不应该来看你。

三、郑 ×× 上次穷瘪来投靠我，今番堂而皇之地出洋，于是打电话来关照我都叫茶房代打，当然再不要光顾亭子间了。

四、我叫任铭善到我家来玩，他想了好几天，终于决定不来。

苦笑而已，云何哉。

看见太阳，心里便有了春天，天气真有暖意，即使不怎样暖（否则室内不用生火炉），至少有这么一点“意”。可是上海是没有春天的，多么想在一块无人的青草地上倒下来做梦哩。手心里确是润着汗，今年的冬天是无需乎皮袍子的，只是不知几时才会下雪，虽然我并不盼望。

你的来看你的朋友，如果不是一个古怪的人，便是一个平常的人，因为你要叫我猜，我便猜她（不是他吧）是一个古怪（means[1] 有些特殊的地方）的人，否则你没有向我特别提说的必要。古怪两字用指最高泛的意义，不单指人的本身，也指 case，condition[2] 等等而言。

这答案答得坏极。

Bertram[3] 的离别使她的眼里充满了眼泪，心里充满了悲伤。因为她虽

1　means：意思是。

2　case、condition：此处意思都是“情形、状况”。

3　Bertram 和下文的 Helena 分别是莎剧《终成眷属》中的男女主人公的名字。

是绝望地想着他，但每点钟和他相对，对于她终是很大的安慰。Helena会坐着凝望着他暗黑的眼睛，他慧黠的眉毛，他美发的涡卷，直至她好像把他的肖像完全画在她的心版上，那颗心是太善于保留那张可爱的脸貌上每一根线条的记忆了。

当我年轻的时候，我也是这样的。爱情是那朵名为青春的蔷薇上的棘刺。在年轻的季节，如果我们曾是自然的儿女，我们必得犯这些过失，虽然那时我们不会认它们为过失。

不要自寻烦恼，最好，我知道你很懂得这意思。但是在必要的时候，无事可做的时候，不那样心里便是空虚得那样的时候，仍不妨寻寻烦恼，跟人吵吵闹闹哭哭气气都好的，只不要让烦恼生了根。

你是个美丽而可爱的人，春天、夏天、秋天和冬天的精神合起来画成了你的身体和灵魂，你要我以怎样的方式歌颂你？

祝福！

朱朱　一日

第055封

真愿听一听见你的声音

哥儿：

不动笔则已，一动笔总是sentimental[1]，我很讨厌我自己。

几天暖得像大好的春天，今天突冷，飘雪。

真想着你啊，还有好多天呢。

有人说我："说着想念你啊想念你啊的一类人，都是顶容易忘记人的。"我不知道自己究是不是那种人，容不容易忘记人现在也没有事实为自己证明。但如是那样能热热烈烈地恋，也能干干净净地忘却，或比不痛不痒的葛藤式的交情好些吧？作文章，写诗，我都是信笔挥洒，不耐烦细琢细磨的人；勾心斗角的游戏，也总是拜人下风的。

该有信给我了，你允许我的。

一本《古梦集》，抄得你梦想不到的漂亮，快完工了，作礼物送给你，至少也值得一个kiss。

真愿听一听见你的声音啊。埋在这样的监狱

1　sentimental：感伤的。

里，也真连半个探监的人都没有，太伤心了。这次倘不能看见你，准活不了。

哥儿是用不到我祝福的，因哥儿的本身即是祝福，是我的欢乐与哀愁的光明。

朱　2/2 下午

第056封

你嫁人时候我一定不来吃喜酒

清如：

我四日回家去，七日回上海，假使你在那几天里动身，肯到我家里来当然很好。不过我不盼，因为已知道我们彼此的运命是成十字形的，等我在嘉兴的时候，你又会打上海转了。我已不希望再看见你，除非如你所说的，等我讨老婆的时候，你一定会来（虽然你的话也未必作得准），然而为要看见你而讨起老婆来，这终好像有点笑话，而且很不合算，倘使看见你一次了还不够，那么须得把老婆离了再娶过，岂不滑稽？最好还是娶你做老婆，你看怎样？——别怕，我不要向你求婚，但我有了一个灵感，说，你如果到四十岁还嫁不出去，我一定跟你结婚，好不好？如果我到那时还没有死（你也没有死），一定要安安静静地活下去了，现在是只有烦心，娶了妻子会烦死。

你嫁人时候我一定不来吃喜酒，因为我会脸红。喜酒最不好吃，我宁愿两人对酌，吃花生米喝淡酒

(最好是甜酒)，可以十杯廿杯尽喝下去，一喝就醉太无意思。

总之前途瞻望甚黯淡，绝对悲观，还是求上帝许我多梦见你几次吧。

祝好。

绝望者

第057封

如果见面太容易，反而减杀了趣味

清如：

在刚从严寒中挣扎出来，有温暖而明朗感的悦意而又恼人的天气，在凄寂的他乡，无聊的环境里，心里有的是无可奈何的轻愁，不知要想些什么才好，只是惓惓地记忆着一个不在身边的，世间最可爱的朋友，当我铺纸握笔的时候，应该是有一些动人的话好说的，然而我能说些什么呢？

我无法安排我自己的时间，想定定心在公余做一些自己的工作，不能；随便读些书，也是有心没绪的。心里永是那么焦躁不宁。如果不是那样饥渴地想忆着你，像沉舟者在海中拼命攀住一根漂浮的桅杆一样，我的思想一定会转入无底绝望而黑暗的深渊，我觉得我的生命好像不是属于自己的，非自己所能把握。

要是此时我能赶来看看你，该是多么快活！我说如果我们能有一天同住在一个地方的话，固然最好相距得不要太远，但也不必过近，在风雨的下午或星月的黄昏走那么一段充满着希望的欢悦的路，可以使彼此的会面更有意思一些。如果见面太容易，反而减杀了趣味，你说是不是？如果真有那一天就好了！别离有时是太难排遣的。

廿九·夜

第058封 趁着好的太阳光，多走走路吧

宋：

你前儿那封信里说的话一通也不通，懒得驳你了。世上没有什么人会爱你，因此只好自己骗骗自己说恋爱是傻了。顶聪明的人都是爱寻烦恼的，不寻烦恼，这一生一世怎么度过去？理学先生都有说不得的苦衷。活人总是常戚戚的，死人才坦荡荡。

我渴望和你打架，也渴望抱抱你。

你这恼杀人的小鬼。不要因为我不爱你而心里气苦。

岳飞　三月二日

你很苦，真是，谁也不疼你，快钻到被头里去哭吧。

三等无轨电车里两个女人打架，今天总算得到了点thrilling[1]，女人打架，照例我总是同情比较好看一点

1　thrilling：令人兴奋的事。

的那个，事实是女人跟女人相打，总是彼此毫无理由的多，要判断谁曲谁直，永远是不可能的。

天实在太暖了，趁着好的太阳光，多走走路吧，不要闷着等死，你如要等死，死便不肯来的。

第059封

春天，我不忆杭州，只忆你

好孩子：

不会哭吧？我很急，真想跑来瞧瞧你。天十分暖了起来，其实上课堂也要打瞌铳，乐得躺在床上看看云吧。希望快好起来，耶稣保佑你，即使没有什么痛苦，我也是不能放心的。

想不出一个好故事可以讲给你听。“黄鹂”那首写得很可爱，你总是那么可爱。我想写一首诗给你，可不知道写不写得出。歌人一天一天的拙劣了。

春天，我不忆杭州，只忆你，和振弟，他比你寂寞，也许比我还寂寞，他是永不把心开放给别人的人。

我给你念祷告，希望这信到时你已经好了。愿你安静！春天否则是会觉得太短的，生生病，也许会长一些。但是心里高高兴兴，什么时候都是春天，所以还是快些好起来吧！好好珍重，以后不许生病了。再写。

朱朱　十九夜

第060封

有一次我梦见宋清如

昨夜我在梦里大唱其歌，嗓子吊到半天高，被誉为the world's greatest tenor[1]。学校开学的第一天，我从头龙头下山吃饭去，遇见宋清如和那位inevitable[2]的某小姐以及另外一位杜撰出来的女士从宿舍里出来，我对宋清如说，“瞧你简直像个鬼”。因为她满面孔跌破抓碎，贴满了橡皮膏和布片，面色又黄又老又难看，见了怪教人心疼，禁不住要爱她，这是love at first sight，中文译为一见倾心，于是我play the gallant[3]，说，“一同吃饭去好不好？”她贼忒嘻嘻地犹豫不定，心里是答应的，但是因为嘴里太干燥，说不出话来。那两位密斯见机说，“我们少陪了（让你们去play donkey[4]吧）”，我说大家一块儿去吃饭又有何妨，假使你们小气不肯请客，就各人自会钞也罢。她们说不用客气了，于是带着一副贼腔去了，少不了做个鬼脸，以及笑那种女人特有的笑，那种笑既不是场面上应酬敷衍的笑，

1 the world's greatest tenor：世界上最伟大的男高音。

2 inevitable：躲避不了的。

3 play the gallant：献殷勤。

4 play donkey：做傻事。

也不是中心发出来的愉快的笑，又不是因为感到发松有趣，胳肢里被tickle[1]了的笑，乃是一种根本不必笑的笑。你——不是你，我说的是宋清如，真腼腆得可以，大学教育不知教了她些甚么，于是我也只好红红面孔，陪着她慢步金莲地走着，心里只想有机会把她作弄一下，虽则未免太罪过。嘿！这顿饭吃得可真写意，每人坐一张桌子，因为菜蔬太多，一桌子放不下。刚要吃之时，幕布便拉拢了，休息五分钟，我说这种电影我不要看了，于是出去做 the world's greatest tenor，可惜你——她没有福气听我唱，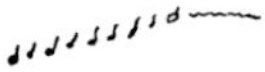唱到最高的地方，力竭声嘶，变成了猫叫，听众大拍其掌，我觉得非常荣幸。

我有没有告诉你过，有一次我梦见宋清如，她开始是向我笑，笑个不住，后来笑得变成了一副哭脸，最后把眉毛眼睛鼻子嘴巴都笑得变动了位置，最后的最后满面孔都笑得面目模糊了，其次的最后脸孔上只有些楔形文字，这是我平生所看见的最伟大的笑。

我真爱宋清如。

元始天尊

1　tickle：挠痒。

第061封

狠心的人

傻子：

不要自命不凡地自称为狠心的人，以使读你信的人感到滑稽而哑然失笑，如我读到你信时所感到并且哑然失笑那样吧，作为狠心的人，那尊号是女人们所永远够不到的。你是十分不够格，绝对地而且必然地。(以上全是外国句法，注意。)

在对人的感情而言，我比你要淡漠得多，自私得多，而我却自命为多情。狠心的人一定不知道狠心这两个字的，因为他心中根本无别人的感情的印象存在，即，他从不把别人的感情看作一回事，因此，他加于别人感情上的伤害，他不知道也不管，他决不向人表白他是狠心的人，仿佛要求人原谅一般。他根本并不以为自己是狠心，因为他的心是生来就狠，不是自己使它狠起来的。因此他有时可以坦然地说着温柔的话以骗人而不以为意。至于自命狠心的人，却最容易被人攻袭而无所措其手足，而且嘴里说我是狠心的人的时候，心里总是充满着感情，却仿佛一切都是无可奈何的样子。

第062封

再论狠心

再论狠心（注意：未读附函不可看此）

女子当自命为狠心时，每有一种殉道者似的高壮的感觉，但男子中也有此种感觉者，惟所谓诗人与feeble-hearted[1]之流。男子是无往而不狠心，他看得这两字太平凡了。他们高兴用狠心对待人，但不愿意人家用狠心对待他，这是所谓男子的自私，然而这也不过是一种错觉罢了，因为实际上男子是格外欢喜对他狠心的人的。举例，厉害一些的老婆常能保持她丈夫对她的爱情，而善良的妻子常为她男人所轻厌。这或者是这世间有战争的原因，为着这种敬强凌弱的心理，为着支配这世界的是男人。但女人实际上也有这种情形，谁个女子愿意舍弃一个英雄豪迈的伟男，而跟一个阘茸卑琐脂韦谄媚的小丈夫跑呢，除非后者或者有物质上的优越条件？大凡心身健全的人，他（她）所爱慕的对象都是性格强壮（善于狠心）的人，心身有病的人，才爱温柔多情者（达官富翁之于姨太太不在

1 feeble-hearted：意志薄弱的。

此例，因为他们意在玩弄，无爱慕之可言)。心身畸形发展者，则流于虐待狂及被虐待狂的情形。对于最后一种人，你向他说一声我恨你，比说一百声我爱你要使他窝心得多。

第063封

我希望你不要嫁人

好好：

今天毫无疑向地得到了你的信，就像是久旱逢甘雨一样。

吃喜酒真非得要妈妈同着不可，难为情得塌糊涂，今后誓不再吃（你的喜酒当然我一定不要吃），世上没有比社交酬酢更可怕的事（除了结婚而外）。

我希望你不要嫁人，如果你一定要嫁人的话，我希望你不要嫁像我这种男人（如果我也可以算是男人的话），要是你一定要嫁像我这种男人呢，那我也不管，横竖不关我事。

我今天要到街上去，买信封信纸墨水（全是为着给你写信用的），再买几本小说看。你有没有看过杜思退益夫斯基[1]的《被侮辱与被损害的》？如果商务廉价部里有这本书，我可以买来给你。

1　杜思退益夫斯基，现译为陀思妥耶夫斯基。

我待你好，直到你不待我好了为止。也许你不待我好了，我仍待你好的，那要等那时再说。

我要吻吻你。

魔鬼的叔父　三日

第064封

但愿一生有得好东西吃

清如：

在家里过了三夜，倒并不如想像的那样无聊，全然忘了一切，无所为地高兴起来，家里的婚事只是小热闹一下，一切像儿戏般玩着，那位弟妇我不知叫她什么好，终于叫她作嫂嫂，比你大得多，不是孩子样儿。大表姐的第六个孩子，最小的甥女，和我很要好，陪着她玩。她的四哥在兄弟姐妹间乡气最重，是个戆大[1]，人很忠厚，但不惹人欢喜，被妹妹欺负得哭起来，我过意不去，领他到乡野里走，他很快活，虽然似乎很笨，对于大自然却很敏感，看见骑在牛背上的牧童，很是羡慕，说脱下长衫去做看牛童子，一定很写意。徘徊旧游地，那些静寂如梦的old spot[2]，对于灵魂是一种苏醒。我曾指点给孩子们我从前读书的小学，我对我的各个母校都眷眷不忘。我的中学时期是最枯燥颓唐的一段。

昨夜回到自己房间里，才看见你一日所写的信，

1　戆大：方言，意为“呆子”。

2　old spot：陈迹。

于六日到上海。我气量（应作器量）确不大，平日勉力自扩，然有时无可如何，心里过于气闷之时，一遇可乘之机，便要借此泄泄郁恨，别人也许会认真，但你好得很，从不跟我闹气，因此我对你什么话都不怕说出来，否则真会很羞的。

到家里我可以不想你，但一回到上海，便满心里都是你，想你有时要想得哭，但不想更无聊。

我不想望什么，但愿一生有得好东西吃，他无所也不敢希冀，如祈福，我愿我有一个美满的来生，更愿来生仍能遇见今生的朋友以及永别的爱者们。

今天去看盼了好久的银幕上的《块肉余生》，迭更斯的作品，即使还不能达到艺术的最高峰，总是非常富有感情的文字，我读他的小说总不能不流泪，电影上也有好几块能使软心的人呜咽、硬心的人心软的地方，但一般而论，迭更斯的作品结构都失之散漫，因此改编为电影，很不易讨好，全剧精彩的地方，都只在各片段。但制片者的努力是很可佩的，那么一本大书，那样复杂而多方面的故事，竟能如此有条不紊简洁而无遗漏地演了出来。这片是All Star Cast[1]，内中人才很不少，但真做得好的，却似乎只扮演大卫童年的一角，那个孩子应该是不让贾克古柏的。

在广东店里悄悄地吃了一碗叉烧蛋炒饭，便乘雨回家。今天虽是星期一，又天雨，而戏院仍满满的。

弟　朱某顿

1　All Star Cast：全明星阵容。

第065封

寂寞的人是不该有星期日的

清如，

为什么不来信呢？不是因为气我吧？我所说过的话都是假的，你一定不要相信我。

星期日对于我往往是最不幸的一日，因为它全然是浪费而毫无用处，寂寞的人是不该有星期日的。

你现在快活吗？也许很有点倦怠是不是？你有不有点看不起我？

祝你一切的好。

无聊者　九日晚

第066封

所谓爱尽是对影子的追求

清如：

气好了吧？即使不是向我生气我也很怕。什么委屈大概你不肯向我说，虽我很愿知道。我心里很苦，很抑郁，很气而不知要气谁，很委屈而不知委屈从何而来，很寂寞，生活的孤独并非寂寞，而灵魂的孤独无助才是寂寞。我很懂得，寂寞之来，有时会因与最好的朋友相对而加甚。

实际人与他朋友之间，即使是最知己的，也隔有甚遥的途程，最多只能如日月之相望，而要走到月亮里去总不可能，因为在稀薄的大气之外，还隔着一层真空。所以一切的友谊都是徒劳的，至多只能与人由感觉而生的相当的安慰，但这安慰远非实际的，所谓爱尽是对影子的追求，而根本并无此物。人间的荒漠是具有必然性的，只有苦于感情的人才不能不持憧憬而生存。

愿你快乐，虽我的祝福也许是无力而无用的。

汝友

第067封

你不会是甜的

爱人：

“爱人”两字是随便叫叫，并不因为我爱你之故。

昨天拿了薪水，便到上海去，先是到中国国货公司买了一张礼券，随后到上海杂志公司，空手而出，终于在开明书店里买了一本《文学季刊》，回来买了各种的糖四只角子，为这心中有些得意，路上发生了两种感想：

一、在书店里，值得我化钱买的书，真是太少了。一天我去买一折七扣的书，三四角洋钱买了厚厚的五六本，计《金瓶梅》四册、《虞初新志》一册、《萤窗异草》一册。实实在在，中国书真太不能引起我的兴趣，我小说读过得太多了，秽亵的作品也看过不少，但《金瓶梅》却不曾看过，这四册，真是太干净了，原来是把本来的样子删净碍目的地方，名之为“古本”，这颇有点滑稽，既然买来原是为看看这一本中国小说的名著，不一定为要看那些那个的地方，所以这一点也就原谅了吧，读过几回之后，彻头彻脑地令人打瞌睡，毫无可取的地方，因此翻了翻就丢了。《虞初新志》，你也许也知道是一些轶事杂文的选录，著名的《板桥杂记》《影梅庵忆语》《小青传》等都在里面，文章有好的，也有全不足取的，没有什么大意思。《萤窗异草》是仿《聊斋志异》一类的书，文笔自然要庸劣多了，从前看过……写得不耐烦起来了，不再说下去，因此你终于不知道我的感想是什么。

我近来吃糖吃得太狠，有时我想像吃的是你的耳朵你的鼻头，这样使糖加了一重微咸的味道，因为你不会是甜的。有一种糖的包纸上印着四个 Darling 的字，这种糖大概患神经病和我一样。

今天下雨，放工后肚皮饿得要命，懒得哭，因此不哭了，其实要哭是很容易的，只要闭了眼睛，想：世间没人爱我，大家欺负我，我无东西吃，于是心里一苦，便哭起来了，而另一个我却在一旁嬉笑。

《文学季刊》还是三月中出版的，其中四篇论文，关于皮蓝得娄[1]的，关于福楼拜的，关于乔治桑、巴尔扎克与左拉的，都没甚大意思，安诺德的《论诗》，原文我曾读过。小说中有托斯退夫斯基的《白痴》，可惜未完，皮蓝得娄的戏剧《亨利第四》，我不喜欢，我永远反对一切“哲理”的东西，虽然我承认大艺术家都是大思想家。创作中只有张天翼靳以两个名字是熟的，张天翼的东西，总很浮浅，少修养，靳以的《洪流》，描写得颇可以，其余是“天三”的《夜渡》最好些。散文中有一二篇很好。没有诗，很满意，我太不愿意读诗了。

我真想把自己用大斧一劈两片。

张飞

1　皮蓝得娄：今译为“皮兰德娄”，意大利小说家，剧作家。

你看我苦闷得要疯，我又读了一部法国革命史。

读书有什么意思呢？你如现在停学了跟读到毕业有什么分别？

第伍辑

我眷恋着唯一的你

第068封

暴雨

每夜有很好的睡眠，工作时间之外，则忙着看书，一切都似乎辽远起来，辽远起来，又宁静又柔和。昨夜做了很多的梦，似乎生活因梦而丰富起来，今天有如此之感。我看我自己做梦，自己是主演者，又是旁观者，在梦中我总知道自己在做梦，然而并不因此而削弱了梦的真实性。今晨大雨，我知道下午一定有好太阳，这几天太阳老跟雨赛跑。

我在俄国人那里买了三本旧书，每本大洋一角。一本是巴尔扎克的短篇小说，一本是马克 · 吐温的幽默杂文，一本是S. Maughem[1]的《南海故事集》，都已看完了。Maughem是现存的英国通俗性作家，我们的文学家们似乎不大愿意提起他，不过实在中国人对他算不得生分，因为他的小说演成影片的很多。这本南海故事是以南洋群岛为背景的几篇小说，颇有梦魅的情调，像吸鸦片一样地。

刚才又洒过一阵暴雨。要是在春暮时节，看满

1　S. Maughem：毛姆，英国现代作家。

山暴雨打落花，一定很热闹。劳伦思的小说里女主人公裸着体在大雨中淋着奔跑，很是一个理想，昨夜我在梦里也曾在雨中奔，但不曾脱去衣服。

第069封

情感的最高度

张荃中毒太深，已无法救治，让她去吧。

我的意见是恋爱借条件而成立，剥夺了条件，便无所谓恋爱，这是皮之不存，毛将附焉的道理，因此恋爱是没有“本身”的。所谓达到情感的最高度，有何意义呢？聪明人是永不会达到情感的最高度的。究竟你仍然是一个恋爱至上论者，把它看得那么珍重。

不懂得说懂得，是现代处世唯一的吹牛要诀，未读过经济学ABC的侈谈马克思《资本论》，不是顶出风头的人吗？五千年前孔先生的说话居然还会引用，可见你头脑陈腐。

因为你不喜欢恭维，我得恭维恭维你。你是娇小玲珑（这属于别人的批评）的富家小姐，性情既温良，人又聪明又有才干，因此不必失望，更不用痛哭流涕了。心跳两字非我妄造，因曾听你说起过，为着鲰生某次的一封信。

情书我本来不懂，后来知道凡是男人写给女人或女人写给男人的信（除了父母子女间外），统称情书，这条是《辞源》上应当补入的，免得堂堂大学生连这两字也不懂。

阮玲玉之死，足下倘毫不动心，何必辱蒙提起？她死后弟曾为她痛哭七昼夜。

假如我说，我因为知道你不喜欢恭维，而故意和你反对，借为反面讨好的手段，你将作如何感想呢？

郑天然只送过我一张画片，如果我是女人，当然非吃醋不可。

咳嗽了几天，昨天真的病了，幸而没有死，今天仍照常办公，虽然不很写意。

愿你好。

朱朱

明明是我写给你的信，却要自解为X写给Y，未免有点“Ah Q-ish”[1]，假如不作那样想，你会怎样生气呢，请教！

1 Ah Q-ish：阿Q精神。

第 070 封

恋爱的条件

清如（规规矩矩）：

王守伟[1]兄很有意思，叫他编年刊，他就在年刊的弁言上斥年刊的无谓，说要是把出年刊的钱化在别种有意思的事情上，一定好得多。你为什么诗刊作序，也可以这样说，说做诗是顶难为情的事情，诗人等于一只狗，要是把写诗的精神去提倡新生活，一定有意思得多。要是有钱办诗刊，宁可吃几碗豆腐浆。我请求你千万不要再说什么诗是人类灵感的最高流露一类孩子说的话了。

我咳嗽了一声，在桌上的你的信纸吓了三跳。

笑话，真是笑话，恋爱没有条件，如何能成立。条件有种种不同，以金钱美貌为条件，我以为未必便比以学问道德为条件卑鄙，after all，this is 20th century[2]，恋爱已不是浪漫的诗意的了。为什么你要说是恋爱的

1　王守伟：朱生豪之江大学的同学。

2　after all, this is 20th century：无论如何，现在已是 20 世纪了。

外婆？你的思想总是半生不熟，既然上了台，就该大言不惭，何客气之有。after all，this is 20th century。姑娘们不屑谈恋爱，是表示神气，但如暴露自己无人与之谈恋爱，未免使人听了伤心。万一男同学们听了你的自谦，信以为真，同情你起来，预备给你经验，你岂不又要心跳？唯物论者讲实际，艺术家们讲 taste[1]，唯物论的艺术家们讲灵肉一致，总之需要条件，不见得恋爱至上主义者们会恋爱一条癞皮狗。你如袒护反面，我一定得给你一顿教训。

Shall I thus wait suffocatingly for death[2]？于是我读到你诗意的叙述，哎，流落四方，梦花幻灭在不同的土原上，夕阳的光辉下望着蓝空微笑死去，能作这样的想头，不也是幸福吗？我希望我在一间狭小的斗室里，人声的喧嚣中，乌烟瘴气的周围，红着眼睛，白着嘴唇，脸上一抽一搐地喘着气死去。

这两夜，每夜做乱梦，我实在是不爱安静地睡去的，夜静后毫无声息，我会觉得很寂寞，巴不得汽车、无线电、哭、喊、救火车的哭声尤其有趣，打牌、闹，一齐响了起来。因此我也是不喜欢无梦之睡眠，早晨无梦而醒，觉得把一夜工夫白白耗费了似的。这两夜每夜做乱梦，因此使我对睡觉有了热情，顶有趣的一个梦是在经理室里撒尿，尿桶刚放在经理的背后，完事之后大家对我看看，我有点惶愧又有点快乐。

当然你尽管说“我不想望你到杭州来”好了，因为即使你想望，我也是不会来的。

福我已经太多了，以后你得祝我长寿，我希望活一百五十岁，看你曾孙的女儿怎样和人家恋爱。

我的信都写得太无赖，你如不喜欢这些，我以后也可以用八行书端

1　taste：品味、爱好。

2　Shall I thus wait suffocatingly for death：我是否只能如此窒息地等待死亡。

楷恭书吾姐安好的，虽然纸墨笔砚都得买起来。

总之，我知道你所用的信纸是专为写情书用的，可惜不曾再撒一些香粉在上头，至少我闻不出。信封尤其有趣，那个黑小弟弟活像你。总之这是一个人的 taste 问题。

完了，再向你说一声口是心非的“我爱你”。

朱朱

第071封

我眷恋着唯一的你

第一，我不能承认半生不熟即是中庸之道，中庸之道完全是经验，是成熟，懂得中庸之道的，都是处世已达到炉火纯青，熟透了的程度，而半生不熟则是涉世未深者的本色，所谓半生者，仅别于全然的乳臭而言。

其次，中国文化得以保存至今，完全是侥幸，从前未和西洋文化接触，因为一切天然的优势，邻近各民族都成为文化上的附庸，但西方势力一进来之后，不是就显出了岌岌可危的形势了吗？

如果你一定要让，那么我让你去让吧。

来不来要探询别人的意见，岂不无谓！高兴便来，不高兴便不来，何必管别人愿不愿。要是你来了，不是因为你乐意来看我，不过因为我希望你来的缘故，借着感情的关系硬拉人家作一次非本心的探望，有甚么快活呢。[1]

你当然是很好的，否则我怎会爱你？至少你是如

1　原信件此处后有内容缺失。

此中我的意，使我不再希望有一个比你更好的人。你以为我这话是不是诚实的？我告诉你是的，我眷恋着唯一的你。

我不愿意你来，因为我看见女人很难为情。

第072封

请你准备好一付眼泪

照片拍得很有健康美的样子，虽然总不及本人好看。

今天星期，一无消遣之方，人比死还消沉，幸亏你来了信。

我说，一个个人主义者可以克服自我而成为社会主义者，但社会主义者动摇其信仰而转成个人主义者，其以前之信仰多分是幼稚而不成熟的，热情而非理智的，所谓社会主义者一名称，也不过是自己骗骗自己罢了。个人主义是一种病，但它未始不能给人一种因自信而起的刚强。我所怀疑的是我们是否有称自己为个人主义者的资格。我对于自己只觉得是一个并不存在的人。

这种话也许很外行，因为我什么主义都不懂。

下次我们见面的时候，请你准备好一付眼泪，因为我要看你哭。

这信已写了两个半钟头，写不出了，我爱你。

第073封

要是有那么一个好地方

姊姊：

我叫你姊姊你难不难为情？

为着想你得很，我没有心思工作，先写了这封信再说。《鲁滨孙漂流记》真比莎士比亚还难翻，又没趣味又单调，又要一个个字对照着译。

这几天来我也心思很不安定，人倦得睡不醒来，也许是你传染给我的毛病。

昨夜我梦见天上有许多月亮，大的小的圆的缺的，很好看，我叫你看，你却不要看，并且硬要争辩蛾眉月的“蛾”是一种蝎子，我气得想要擂你一顿。

想来想去还是亚当夏娃最快乐，虽然逐出了伊甸园，整个世界都是属于他们的，等到第二代，该隐就要杀亚伯了，因此合理的世界，只能有两个人，不多也不少。

我希望你不要苦，要是你受了委屈，就向我出出气好了。

昨天在外面荡了一天，一点不快活，我真想吃点真好吃的东西。星期日你是怎样过过的？

要是有那么一个好地方，我们在一起静坐半天多好。每天每天看不见你，真使我心痛。

我待你好。

淡如　十四

（我姓洪，名水，字淡如好不好？）

第
074
封

世上第一个龌龊臭男子

好人：

我深信我是世上第一个龌龊臭男子（这话有点像贾宝玉，是不是？我不管），愿你不要欢喜我。

不负责任也是我的一个大毛病，但有时却是因为太……责任的缘故，而不敢负起责任来，一个人要负责任总是太吃力，你说是不是？

聪明的女子应该早早结婚，聪明的男人应该不结婚，你想得出想不出这两句话的理由？

天一晴，我又希望它立刻下雨。凡春夏天气微雨最佳，秋冬则宜晴朗。即使是要游山玩水吧，在这种欲睡的困人天气也不能有十分清新的兴致。这意见你不至于反对吧？

我待你好，明天也待你好。让我亲亲你的笨手。

第075封

你不来信，很可恨

宋：

你不来信，很可恨。

三首贺新凉词，做是做得很吃力，越看越不像样，简直是狗屁不通，你劝我以后不要妄想做诗人了好不好？

彭重熙[1]称赞你很安分守己，我倒希望你惹事招非。

你实在太好，你简直不是女人。

否则此刻我在杭州了，虽则也许你还不曾知道。总之是你不好，明天等待着我的仍然是一整天的空虚。

矮小的中国女子，穿着西式晚礼服，很不好看。

圣灵赐给你满心的喜悦，愿你仍旧待我好。

朱

1　彭重熙：朱生豪之江大学的同学与好友。

浅薄的人，人家的仆役，和狗，是世界上最神气的三种动物。

星期六之夜

初到上海来的时候，很有心学做一个 gentleman，可是终于很快地回复到 vagabond[1] 的路上。根性如此落拓，即使有一百个妻子拘管着我，我也不会变成 gentleman 的。

星期日晨自叹

1 vagabond：浪子、流浪者。

第076封

梦见你做新娘

有一夜，我梦见你做新娘，你猜我送你什么礼物？我送给你一条大鳗鲡（写了这两个字才觉得这东西确实有一个很好的名字，你瞧，除去了鱼旁不便是一个漂亮的洋化的女人名字）。本来我很高兴地赶来吃喜酒，以为你会接待我，然而你哪里有工夫，一句话都不曾对我讲。我很懊恼此行，身上的一件长衫背后又破了一个洞，怕被人见笑，于是一个人上三层楼看火烧去。醒来尚有些悲哀。

吉诃德先生已看了八分之六（六百页），第二部较第一部写得好。昨天看了两本小书，《日本近代小品文选》和《夏目漱石集》。所谓《夏目漱石集》实际只有一篇《哥儿》（已看过了的），一篇《伦敦塔》，和一篇序跋文。可看的也就是那篇《哥儿》而已，因此把它重看了一遍。

下星期日是一定要家里去走走了，这星期日不预备出去。我已定下紧缩政策二十条，今后每月零用只准用十五块钱（连书籍及日用必须的在内）。

我非常绝望而苦恼。

愿你好。

雨

第 077 封

我想要在茅亭里看雨

我想要在茅亭里看雨、假山边看蚂蚁，看蝴蝶恋爱，看蜘蛛结网，看水，看船，看云，看瀑布，看宋清如甜甜地睡觉。

我觉得我已跟残废的人差不多了，五官（想来想去只有四官，眼耳口鼻之外，还有那一官不知是简任官还是特任官）都已毁损，眼睛的近视在深起来，鼻子的左孔常出鼻血，左耳里面近来就睡时总要像风车一样哄隆哄隆搧了一阵，嘴里牙齿又有毛病，真是。

一切兴味索然，活下去全无指望，横竖顶多也不过再有十年好活，我真不想好好儿做人，恨起来简直想把自己狠狠地糟蹋一阵。

第078封

像爱一个最喜欢的兄弟姐妹

宋：

本来我知道你一定不会答应到我家里来，但我确痴心地盼你打上海过，还望你带好东西来我吃呢。又是这么像是特意要避过我似的，连安慰也不留一句地走了，怎不叫人耿耿呢？你或许以为车站上几分钟的相对没有什么意思，徒然引起一些惆怅，但在我，就是惆怅也好，日复一日的枯燥的生活，多么想望一些小小的兴奋，即使不一定是快乐，也总比空虚的想望好些。而且我是那么不自由，要来看你一次，总得顾虑着钱，顾虑着时间。一共在世上我们也没有多少年岁好活，见面的机会是那么稀少得令人伤心，更能禁得起多少次的失望呢？

我常常不大愿意提起关于结婚的一个问题，尤其是在一个要好的女朋友之前，但今天却想以纯粹朋友的立场，提供你一些意见。唯一我替你担心的，便是你对于一切都抱着得过且过的态度，害怕想到将来，甚至于想借着短命来逃避（也许我也有些如此），其实将来也许并非一定那样可怕也说不定。在此刻，我们的处境很有些相仿，我们的家庭方面都在盼望我们赶快结婚，而我们自己则都在托辞敷衍着。关于我自己，我抱着不结婚的理想，少说些也已有五六年了；起初还只是一个理想主义者的诗意的想头，伴着对于现社会婚姻制度的不满，而近年来生活的困苦的暗影更加强了我的决心。姑母她们以为我现在不愿结婚是有所期待，或者因为嫌现在所入菲薄，要等经济方面有恃无恐后再说，因此倒是相当地嘉许我，但我如说出永远不结婚的话来，她们便要说我是傻子，而且也不肯相信（按照我们的道德的逻辑，你不娶妻生子，父母生下你来做甚么？在这种训条之下，一个男人所受的责备要比女子厉害得多），然而我自己相信我是聪明的，虽然未免偷懒规避了“人生的义务”。同时我对自己也很有把握，即使我母亲从坟墓里复活转来硬要逼我尽我所不愿尽的职，我也不惜做一个忤逆的儿子，为着保持自己最少限度的自由。

关于你，那么似乎你的理由只是因为怕和平常女人陷于同样命运之故，然而这并不是怎么充足的理由，因为命运的平凡不平凡和婚姻并无绝对的关系，真是一个能够自己有所树立的女子，那么虽结了婚也不妨害她为一个不平凡者。不然的话，你能说一般的独身妇人比结婚者的命运更可傲些更幸福些吗？多分是反而更悲惨些。你是爱你的母亲的，如果搪饰到无可搪饰，敷衍到无可敷衍的时候，为了不忍伤她的心，会不会乖乖地听起话来呢？如果终不免有那一天，那么宁愿早些留心为是。一个理想的男人和一个理想的朋友不一样，只要人格高尚，有思想，诚实负责，经济宽余的人就合式了，如果有这种人，还是不要放弃机会的好(一见面感情泛滥的人是靠不住的)。

有了安定的小家庭生活（少年时的彷徨烦闷其实都是生活不能安定之故），只要不忙着养儿子，自己计划着一种有意义的生活方式或找些不烦重的工作，或研习学问，何尝不能获得甚大的乐趣（如果有了计划做不到，那是自己本身的劣根性，这种人无论结不结婚皆无办法）。我不知道你对于自身的将来能不能下一番透彻的考虑，因为无主义的因循是不幸的。我的意思并不是要劝你结婚，或不结婚，但无论结婚不结婚，都得立定斩截的主意，不要含糊过去。我以为你的身体不是个耐得起辛苦磨练的人生战士的身体，事实上你需要一个较温柔的环境。我这种话也许会使你很生气，但这些全是我对于你的诚挚的友情中所发出的一些无我的意见。我相信你如真结了婚一定会使我感到甚大的悲哀，因为也许我们本来不痛快的交往将更受到一重无可如何的拘束，但我对你太关切了，我殊不愿见你永远是一头彷徨歧路的迷羊。我自己又是那么无能为力，除了爱你之外，对你一点用处都没有的。

你当然也不要太用功（我知道你不会用功的），但在之江这种地方如果说稍为读读书就会对健康有碍的话，我总不能相信。我自己的体格，谁都说我很不好，但在如今这种不健康的环境里过着不健康的生活，两年了，身体也不见坏到什么地方去。太娇养了也是不对的。

我是个理想家，想到现实会使我黯然，但我也不想躲避现实，一切凭着上帝或魔鬼的旨意吧！

一切的祝福，你知道我将爱你到永远，像爱一个最喜欢的兄弟姐妹一样。

朱　五日晚

先还你五块钱，因需要付房租等没得多，其余的五块过两星期后准还你，虽然我知道你并不要紧。

第079封

最好我们逃到一个荒岛上去

宝贝：

要是我的母亲“宝贝、心肝、肉肉、阿肉、阿宝、囡囡、弟弟、阿囡、好囡、乖囡、乖宝、小囡”地叫我，我一定要喊她“不要肉麻”。用一种喊法已够，一连串地叫起来，不亦过甚乎？

我伤心得很。

最好我们逃到一个荒岛上去，我希望死在夕阳中，凝望着你的出神的脸。

世上竟有没出息的男子如小生者乎？我最怕人家对我说两句话，一句话是“不要浪费你的时间，好好努力”，一句话是“年纪不小了，快快结婚”。结婚的成为问题不只单单在于成为一个女人的丈夫，还得兼为她的父母的女婿，她的伯叔的侄婿，她的兄弟姐妹的姐夫妹夫，她的姐夫妹夫的连襟，以及说不清的种种关系，以及她的儿子女儿的父亲，岂不难于上青天乎？

chief[1] 诚意地要介绍“女朋友”给我，我说不要，因为这种事情太awkward[2]。

我一点学问也没有，学问是可以求得的，我的毛病是我看不起学问。你看怎么办？要我做起文章来，著起书来，一来都不来。我想不出我有什么用处。

唯一的自慰是你并不比我高明。

我待你好，不许骂我。

十六

有的好花是短寿的，但好花不一定都短寿。蔷薇你又写成了“薇薇”。

你顶待我好而且待我顶好是不是？

这封信被刀挖得多么可怜，你疼不疼它？[3]

1 chief：上司、领导。

2 awkward：尴尬。

3 原信件有两处被朱生豪用刀挖去的内容。

第080封

你生肖属凤凰

好友：

真不开心，老是那么的那么的，乖乖的好起来了吧，以后就是要生病，也分点给我生生吧，不要太小气。没气力多休息休息，功课马虎点没有关系。

你妒忌不妒忌都好，总之我用不到你也已经和她相熟了，而且要好得一塌糊涂，她是个挺好的（比我还好），你不能冤枉她，要是我告诉你我怎样爱她法，你如不妒忌便会气破肚子，如妒忌一定会变成大皮球满地滚。

你生肖属凤凰，我知道。否则属风，属星星，属月亮，你还没有资格属太阳，虽则我常唱 'O Sole Mio[1]！想着你，因为你一点不健康。

还有话，留着。愿你不要病，上帝也不允许的。

路易十六　十日

1　'O Sole Mio：《我的太阳》，意大利歌曲名。

第081封

你有一种敏感的纤细的笔触

宋：

今天四点半一人到常去吃东西的广东馆子里喝茶吃点心看小说，并没有什么趣味，我不知怎样找快乐，life always the same[1]。

人家送了我一本Lawrence的小说，一本禁得很厉害的东西，全是描写性交的文字。告诉我你是不是好宝贝，不曾读过一本“秽亵”的书？

我又要忙起来了，工作已逼上身，damn it[2]！

几时你写长一点的信给我，写三张信纸，我回答你六张。女人们常爱多话，可是信总写不长，不知什么缘故，也有会写得比较长一些的，但都是把同一的意思反复述说着，加上许多啊字呢字哩字。

你知道我刚才搁了笔想些什么？我想你诚然是很美的，不过那不是几何学上所能说明的那种匀称的美，也不是用任何标准可以丈量的美，你有一种敏感的纤细的笔触，我简直不敢碰你（我想你如果胖了，

1　life always the same：日子老是一个样。

2　damn it：该死的。

一定要不动人得多)。即使从你的恶劣的字体中，也仍然可以体味出你的美来。

你是世上顶可爱的宝贝，遥遥无期的见面，想起来怪不快活，但我不想再到杭州来。我有点恨，我太容易灰心。

四日

第082封

祝福那些不懂得相思的人

宋：

你真可怜，闹了两年的到北平去，到现在还决定不下来。我贡献你四条路：

一、不转学，留在之江，免得投考等麻烦。

二、转学近处，南京、上海、或索性苏州，好常常见母亲。但苏州你已住久，上海我不劝你，南京也没甚大意思。

三、转学远处，北平、青岛、武汉、广州……一样走远路，当然如你原来的理想，北平去最好。

四、停学一年，作一次远程旅行，几次小旅行，余下时间，在家读书休息，养得胖胖后再上学。

如果转学，不要抱但求换换空气的思想，无论如何要拣比较好一点的学校，如果进和之江差不多或不如的地方，那很不上算，还是留着不走的好。

好人以为如何？

热天真使人懒，坐在 office 里，眼睛只是闭上

来。想像着在一个绿荫深深的院内，四周窗子上幔着碧色的湘帘，在舒适的卧榻之上，听着细细的鸟声，睡了又醒醒了又睡的生活着。但无论如何，初夏的黄昏是可爱的。在之江，此刻也是顶美丽的时刻了。但这样的时间也只能在忆念里过去，心里很有点怨。祝福那些不懂得相思的人，至于我，则愿意永远想念着你。我，永是那么寂寞的。

还有的话，留着以后说。祝快乐。

朱

第083封

你有没有老些了

昨夜我真的梦见了你，我们都还在之江山上。你对我的态度冷得很，见了我常常不理我。后来在茅亭那边我看见你，你坐在小儿车里，说要回家去。我自告奋勇推着小儿车下山，可是推来推去推了半天还不曾下得山，却推到我自己的房间里来了。你很恼，我很抱歉。我于是把满房间的花盆都搬开，撬起一块楼板来，说从这里下去一定可以下山。可是你嘟着小嘴唇走了，我的心也扑的一声碎了。

星期日，如果我此地在八点半出发，十一时许可以到常熟，你还不忙就上学校去吧？

伤风有没有好？日子过得太慢，你有没有老些了？我真想疼疼你。

罗马教皇　廿一

第084封

请你亲手替我写一墓铭

Darling Boy：

千言万语，不知从何处说起。第一你说我是不是个好孩子，一到上海，连两三钟点都不放弃，寓所也没去，就坐在办公室里了。这简直不像是从前爱好逃学旷课的我了，是不是？事实是，下车时一点钟，因为车站离家太远，天又在临下阵头雨之际，便在北四川路广东店里吃了饭并躲雨，且吃冰淇淋。雨下个不停，很心焦，看看稍小些，便叫黄包车回家。可是路上又大落特落起来，车篷遮不住迎面的雨，把手帕覆在脸上，房屋树街道都在一片白濛濛中过去，像一个小孩子似的，衷心地感到喜悦。(这是因为我与雨极有缘分的缘故，我做的诗中不常说雨？）本来在汽车中我一路像受着极大的委屈似的，几回滴下泪来，可是一到上海，心里想着毕竟你是待我好的，这次来游也似乎很快乐，便十分高兴起来。——车过了书局门口，忽然转计想就在这里停下吧，因此就停下了。

为着礼貌的缘故，但同时也确是出于衷心的，容我先道谢你们的招待。你家里的人都好，我想你母亲一定非常好，你的弟弟给我的直接印象，比之你以前来信中所说及的所给我的印象好得多。

唉，我先说什么呢？我预备在此信中把此时的感想，当时欲向你说而没有机会，因当着别人而讲不出来的话，实际还无宁是当时的未形成语言的思想，以及一切一切，都一起写下来。明明见了面而不说话，一定要分手之后，再像个健谈者似的絮絮叨叨起来，自然有些反乎常情，然而有什么办法呢，我一点不会说话！你对别人有许多话说，对我又说不出什么话来，又有甚么办法呢？横竖我们会少离多，上帝（魔鬼也好）要是允许给我一支生花的笔，比之单会说话不会动笔也许确要好得多，无如我的笔并不能达出我所有的感情思想来何？但无论如何，靠着我们这两张嘴决不能使我们谅解而成为朋友，然则能有今日这一天，我能在你宝贵的心中占着一个位置（即使是怎样卑微的都好），这支笔岂不该值千万个吻？我真想把从前写过给你的信的旧笔尖都宝藏起来，我知道每一个用过的笔尖都曾为我做过如此无价的服务。

最初，我想放在信的发端上说的，是说你借给我的不是二块钱而是十块钱，这一回事是绝大的错误，当我一发现这，我简直有些生气，我想一回到上海之后，便立刻把我所不需要的八块钱寄还给你，说这种方面的你的好意非我所乐意接受，那只能使我感到卑辱。如果我所需要的是要那么多，为什么我不能便向你告借那么多呢？如果我不需要那么多，你给我不需要的东西做甚么呢？……如果我这样，你会不会嫌我作意乖僻？我想我总不该反而嫌怪起你的好意（即使这样的好意我不欢迎）来而使你懊恼，因此将暂时保存着尽力不把它动用（虽然饭店里已兑碎了一块，那我想像是你请我的客，因此吃得很有味），以后尽早还你。本来这月的用途已细心计划好，因为这次突然的决心，又不知道车费竟是那么贵，所以短绌了些，但除非必要，我总不愿欠人家一块钱，即使（尤其）是最好的朋友；这个“好”脾气愿你了解我。

你要不要知道此刻我所有的全部财产？自从父亲死了之后，家里当然绝没有什么收入，祖产是有限得可怜，仅有一所不算小的房子，一部分自居，一部分分租给三家人家和一爿油行。但因地僻租不起钱，一年统共也不过三百来块钱，全部充作家中伙食和祭祀之用，我们弟兄们都是绝不动用分文的。母亲的十把块钱私蓄，一直维持我从中学到大学，到毕业为止计用空了百把块钱；兄弟的求学则赖着应归他承袭的叔祖名下一注小小的遗产。此刻我已不欠债，有二百几十块钱积蓄，由表姐执管着，我知道自己绝对用不着这些钱，不过作为交代而已。如果兄弟读书的钱不足时可以补济补济，自己则全然把它看作不是自己的钱一样。除了这，那么此刻公司方面欠我稿费百元，月薪四十三元，我欠房饭钱未付的十二元，此外别人借我去的约五六十元，我不希望他们还了。这些都不算，则我此刻有现金＄7.25，欠宋清如名下＄10.00，计全部财产为 -＄2.75。你想我是不是个 unpractical[1] 的人？

话一离题，便分开了心，莫名其妙地说了这些不相干的话。我说，这回到常熟来我很有点感到寂寞，最颓丧的是令弟同我上茶馆去坐的那我也不知多少时候，那时我真是 literally[2] 一言不发（希望他原谅我性子的怪僻），坐着怨恨着时间的浪费。昨晚你们的谈天，我一部分听着，一部分因为讲的全是我所不知道的人们，又不全听得明白，即使听着也不能发生兴趣，因此听见的只是声音而不是言语，很使我奇怪人们会有这么多的 nonsense[3]，爱谈这个人那个人的平凡琐事。但无论如何，自己难得

1 unpractical：不实际的。

2 literally：简直、不夸张地。

3 nonsense：无意义的事。

插身在这一种环境里，确也感到有些魅力，因为虽然我不能感到和你心灵上的交流，如同仅是两人在一起时所感到的那样，但我还能在神秘的夜色中瞻望你的姿态，聆听你的笑语，虽然有时不知道你在说些什么，但我以得听见你的声音为满足，因为如果音乐是比诗更好，那么声音确实比言语更好。也许你所说的是全无意思的话，但你的语声可以在我的心上绘出你的神态来。

半悲半喜的心情，觉得去睡觉是一件很不情愿的事，因为那时自己所能感觉到摸触到的，就只有自己的饥渴的寂寞的灵魂了。After 怨恨自己不身为女人（为着你的缘故，我宁愿作如此的牺牲，自己一向而且仍然是有些看不起女人的），因为异性的朋友是如此之不痛快多拘束，尽管在不见面时在想像中忘记了你是女人，我是男人，纯情地在无垢的友情中亲密地共哭共笑，称呼着亲爱的名字，然而会面之后，你便立刻变成了宋小姐，我便立刻变成了朱先生，我们中间不能不守着若干的距离，这种全然是魔鬼的工作。当初造了亚当又造夏娃的家伙，除了魔鬼没有第二个人，因为作这样恶作剧的，决不能称为上帝。——之后，我便想：人们的饥渴是存在于他们的灵魂内里，而引起这种饥渴来，使人们明白地感到苦恼，otherwise hidden and unfelt[1] 的，是所谓幸福，凡幸福没有终极的止境，因此幸福愈大，则饥渴愈苦。因是我在心里说，清如，因为我是如此深爱你，所以让我们（我宁愿）永远维持着我们平淡的友谊啊！

撇开这些傻话，我觉得常熟和你的家虽然我只是初到，却一点也没有陌生之感，当前天在车中向常熟前行的时候，我怀着雀跃的似被解放了的一颗心，那么好奇地注意地凝望着一路上的景色，虽然是老一样的

1 otherwise hidden and unfelt：其他隐藏着而未被觉察的。

绿的田畴，白的云，却发呆似地头也不转地看着看着，一路上乡人们的天真的惊奇，尤其使我快活得感动。在某站停车时一个老妇向车内的人那么有趣地注视着时，我真不能不对她 beam a smile[1]；那天的司机者是一个粗俗的滑稽的家伙，嘴巴天生的合不拢来，因为牙齿太长的缘故，从侧面望去，真“美”。他在上海站未出发之前好多次学着常熟口音说，“耐伲到常熟”，口中每每要发出“× 那娘”的骂人话，不论是招呼一个人，或抱怨着过站停车的麻烦时。他说，“过一站停三分钟，过十几站便要去了半个钟点”。其实停车停得久一些的站头自然也有，但普通都只停一分钟许，没有人上下的，不停的也有。因此他的话有点 moderately exaggerated[2]，总之是一个可爱的东西，当时我觉得。

过站的时候，有些挥红绿旗的人因为没有经验，很有些手足无措的样子，而且所有的人都有些悠闲而宽和的态度，说话与行动都很文雅，一个人同着小孩下车，小孩应该买半票的，却没有买，收票的除了很有礼地说一声要买半票之外，也就一声不响地让他走了。有两站司机人提醒了才晓得收票，某次一个乡妇下车后扬长而去，问那土头土脑的收票者，他说那妇人他认识的。最可笑的是一个乡下人，汗流浃背，手中拿着几张红绿钞票，气急匆忙地奔上车子，开到半路，忽然他在窗外看见了熟人，车子疾驶的时候，他发疯似向窗外喊着，连忙要求司机人把车子停下开开放他下车，吃了几句臭骂，便飞奔出去了，那张车票所花的冤钱，可有些替他肉痛，——这一切我全觉得有趣。

可是唯一使我快活的是想着将要看见你。我对自己说，我要在下车后看见你时双手拉住你，端详着你的“怪脸”，喊你做宝宝，虽然明知道我不会那样的；当然仍带着些忧虑，因为不知道你身体是否健爽。实

1 beam a smile：露出微笑。

2 moderately exaggerated：适度的夸张。

在，如果不是星期六接到你的信，知道你又在受着无情的磨折，也许我不会如此急于看你，为着钱的问题要把时间捺后一些；而且你说过你要来车站候我，我怎么肯使你扑空呢？

车子过了太仓之后，有点焦躁而那个起来，直到了常熟附近的几个村站，那照眼的虞山和水色使眼前突然添加了无限灵秀之气，那时我真是爱了你的故乡。到达之后，望车站四周走了一转，看不见你，有点着急，担心你病倒，直至看见了你（真的看见了你），well then，我的喜乐当然是不可言说的，然而不自禁地 timid[1] 起来。

回去就不同了，望了最后的一眼你，凄惶地上了车，两天来的寂寞都堆上心头，而快乐却全忘记了，我真觉得我死了，车窗外的千篇一律的风景使我头大（其实即使是美的风景也不能引起我的赞叹了）。我只低头发着痴。车内人多很挤，而且一切使我发恼。初上车时，还有一个漂亮的少女（洋囡囡式的），她不久下车，此后除了一个个儿高的清秀的少年之外，一车子都是蠢货商人市侩之流。一个有病的司机人搭着我们这辆车到上海，先就有点恶心。不久上来了一个三家村学究四家店朝奉式的人，因为忙着在人缝里轧坐位，在车子颠簸中浑身跌在一个女人的身上，这还不过令人笑笑（虽然有些恶心）而已，其后他总是自鸣得意地遇事大呼小叫，也不管别人睬不睬他，真令人不耐。在我旁边那个人，打瞌铳常常靠压到我的身上，也惹气得很。后来有几个老妇人上来，我立起身让了座，那个高个儿少年也立起，但其余的那些年轻力壮的男人们，却只望着看看，把身体坐得更稳些。我简直愤慨起来，而要骂中国人毫无规矩，其实这不是规矩，只是一种正常的冲动。

我以为让老弱坐，让贤长者坐，让美貌的女郎及可爱的小孩子坐，

1　timid：羞怯。

都是千该万该的。让贤长者坐是因为尊敬，让美貌的女郎坐是因为敬爱(我承认我好色，但与平常的所云好色有所不同。我以为美人总是世间的瑰宝，而真美的人，总是从灵魂里一直美到外表上，而灵魂美的人，外表未有不美者，即使不合机械的标准与世俗的准绳。若世俗所惊眩之美貌，一眼看去就知道浅薄庸俗的，我决不认之为美人)，让小孩坐是因为爱怜，让老弱坐是因为怜悯。一个缠着小脚步履伶仃的乡曲妇人，自然不能令人生出好感，但见了她不能不起立，这是人类所以为人类的地方，但中国人有多数是自私得到那么卑劣的地步。这种自私，有人以为是个人主义，那是大谬不然。个人主义也许不好，但决不是自私，即使说是自私，也是强性的英雄式的自私，不是弱性的卑劣的自私，个人主义要求超利害的事物，自私只是顾全利害。中国没有个人主义，只有自私。

对于常熟的约略的概念，是和苏州相去不远，有闲生活和龌龊的小弄，崎岖的街道，都是我所不能惬意之点。但两地山水秀丽，吃食好，人物美慧 (关于吃食，我要向你 complain[1]，你不该不预备一点好吃的东西给我吃，甚至于不好吃的东西也不给我吃，今天早晨令弟同我出去吃的鸭面，我觉得并不好吃，而且因为分量太多，吃不下，只吃了二分之一；至于公园中的菱，那么你知道，嘉兴唯一的特产，便是菱了，这种平庸的是不足与比的，虽然我也太难得吃故乡的菱了。买回的藕，陆师母大表满意，连称便宜，可是岂有此理的是她也不给我吃。实在心里气愤不过，想来想去想要恨你)，都是可以称美的地方。如果两地中我更爱常熟，那理由当然你明白，因为常熟产生了你。

常熟和吾乡比起来，自然更是个人文之区，以诗人而论，嘉兴只有

1 complain：抱怨。

个朱竹垞（冒一个“我家”）可以和你们的钱牧斋一较旗鼓，但此外便无人了。就是至今你到吾乡去，除了几个垂垂老者外，很难找出一打半风雅的人来，嘉兴报纸副刊的编辑，大概是属于商人阶级的人或浅薄少年之流，名士一名词在嘉兴完全是绝响的。子弟们出外读书，大多是读工程化学或者无线电什么之类，读文学是很奇怪的。确实的，嘉兴学生的国文程度，皆不过尔尔的多，因为书香人家不甚多，有的亦已衰微，或者改业从商了。常熟也许士流阶级比商人阶级更占势力，嘉兴则全是商人的社会，因此也许精神方面要比前者整饬一点，略为刻苦勤勉一点。此外则因为同属于吴语区域，一切风俗都没有什么两样。

要是我死了，好友，请你亲手替我写一墓铭，因为我只爱你的那一手“孩子字”，不要写在什么碑版上，请写在你的心上，“这里安眠着一个古怪的孤独的孩子”，你肯吗？我完全不企求“不朽”，不朽是最寂寞的一回事，古今来一定有多少天才，埋没而名不彰的，然而他们远较得到荣誉的天才们为幸福，因为人死了，名也没了，一切似同一个梦，完全不曾存在，但一个成功的天才的功绩作品，却牵萦着后世人的心。试想，一个大诗人知道他的作品后代一定有人能十分了解它，也许远过于同时代的人，如果和他生在同时，一定会成为最好的朋友，但是时间把他们隔离得远远的，创作者竟不能知道他的知音是否将会存在，不能想像那将是一个何等相貌性格的人，无法以心灵的合调获取慰勉，这在天才者不能不认为抱恨终天的事，尤其如果终其生他得不到人了解，等死后才受人崇拜，而那被崇拜者已与虫蚁无异了，他怎还能享受那种崇拜呢？与其把心血所寄的作品孤凄凄地寄托于渺茫中的知音，何如不作之为愈呢？在天才的了解者看来呢，那么那天才是一个无上的朋友，能传达出他所不能宣述的隐绪，但是他永远不能在残余的遗迹以外去认识，去更深切地同情他，他对于那无上的朋友，仅能在有限范围内作着不完全的仰望，这缺陷也是终古难补的吧？而且，他还如一个绝望的恋人一样，他的爱情是永远不会被她知道的。

说着这样一段话，我并不欲自拟为天才（实在天才要比平常人可怜得多），但觉得一个人如幸而能逢到一个倾心相交的友人，这友人实比全世界可贵得多；自己所存留的忆念，随着保有这些忆念的友人的生命而俱终，也要比“不朽”有意思些。我不知道我们中谁将先谁而死，但无论谁先死总使我不快活，要是我先死的话，那么我将失去可宝贵的与你同在的时间之一段。要是你先死的话，那么我将独自孤零地在忆念中度着无可奈何的岁月。如果我有希望，那么我希望我们不死在同一空间，只死在同一时间。

话越说越傻了，我不免很有些sentimental[1]，请原谅我。这信是不是我所写给你中的最长的？然而还是有许多曾想起而遗落了的思想。

在你到杭州之前，我无论如何还希望见你一面。愿你快快痊好，我真不能设想，你要忍受这许多痛苦与麻烦。

无限热烈的思念。盼你的信息。

朱朱　廿六夜

你们称第三身“他”为gay，很使我感到兴味，大约是“渠”音之转。

我所以拙于说话的原因，第一是因为本来懒说话，觉得什么话都没有意思，别人都那样说我可不高兴说。第二是因为脑中的话只有些文句，说出来时要把它们翻成口语就费许多周章，有时简直不可能。第三

1　sentimental：感伤。

我并不缺少sense of humor[1]，也许比别人要丰富得多，但缺少ready wit[2]，人家给我讲某事的时候，有时猝然不知所答，只能应着唯唯，等到想出话说来时，已经用不着说了，就是关于常识方面的也是如此，陆先生曾问起我最近从飞机上坠下来跌死的滑稽电影明星Will Rogens的作风如何，到过上海有什么片子，一下子我只能说他善于描述人情世故，以乡曲似的形式出现银幕上，作品一时记不起名字来，我还不曾看过他的片子。等到想要补充着说他是美国电影中别树一派的幽默家，富于冷隽的趣味，为美国人最爱戴的红星之一，但在中国却颇受冷落，他的作品较近而成功的有Handy Andy（人生观），Judge Priest[3]（中译名不详）等等，凡我的"渊博"的头脑中所有的关于这位我并未与谋一面的影星的智识时，这场谈话早已结束了。——此外，我纵声唱歌时声音很高亮，但说话时却低沉得甚至于听不大清楚。姑母说我讲起话来蚊子叫，可是一唱起歌来这股劲儿又不知从那里来的，我读英文也能读得很漂亮，但说绝对不行。大概在说话技术一方面太少训练。每年中估计起来成天不说话的约有一百天，每天说不上十句话的约有二百天。说话最多的日子，大概不至于过三十句。

虽然再想不出什么话来，可是提着笔仍旧恋恋着不肯放下来，休息吧，笔！快一点钟了。此刻你正在梦中吧，知道不知道，或者想得起想不起我在写着写着？你那里雨下得大不大？如果天凉了，仔细受寒。

快两点钟哩，你睡得好好儿的吗？我可简直的不想睡。昨夜我从两点钟醒来后，安安静静的想着你，一直到看天发亮，今天又是汽车中颠了三个钟点，然而此刻兴奋得毫不感到疲乏，也许我的瘦是由于过度的

1　sense of humor：幽默感。

2　ready wit：快捷的机智。

3　Judge Priest：影片名，《普里斯特法官》。

兴奋所致，我简直不能把自己的精神松懈片刻，心里不是想这样就是想那样，永远不得安闲，一闲下来便是寂寞得要命。逢到星期日没事做，遂我的心意，非得连看三场电影不可。因此叫我在茶馆里对着一壶茶坐上十五分钟，简直是痛苦。喝茶宁可喝咖啡，茶那样带着苦意的味道，一定要东方文明论者才能鉴赏，要我细细的品，完全品不出什么来，也许觉得白开水倒好吃些。

我有好多地方真完全不是中国人，我所嗜好的也全是外国的东西，于今已一年多不磨墨了，在思想上和传统的中国思想完全相反，因为受英国文学的浸润较多，趣味是比较上英国式的，至于国粹的东西无论是京戏胡琴国画国术等一律厌弃，虽然有时曾翻过线装书（那也只限于诗赋之类），但于今绝对不要看这些，非孔孟，厌汉字，真有愿意把中国文化摧枯拉朽地完全推翻的倾向，在艺术方面，音乐戏剧的幼稚不用说，看中国画宁可看西洋画有趣味得多，至于拓几笔墨作兰花竹叶自命神韵的，真欲嗤之以鼻，写字可以与绘画同成为姊妹艺术，我尤其莫名其妙。这些思想或者有些太偏激，但目睹今日之复古运动与开倒车，不能不对于这被诩为五千年的古文化表示反对。

让外国人去赞美中国文化，这是不错的，因为中国文化有时确还可以补救他们之敝，但以中国人而嫌这种已腐化了的中国文化还不够普及而需待提倡，就有些夜郎自大得丧心病狂了。我想不说下去了，已经又讲到文化的大问题，而这些话也还是我的老生常谈，卑卑无甚高论。你妈来了没有？妈来了你可以要她疼疼了，可是我两点半还不睡，谁来疼我呢？

第陆辑

要是我不欢喜你了，我的灵魂将失去了和谐

第085封

你想不出此刻我是多少快乐

宋：

离放工还有半小时。星期三欠四页，星期四欠一页，今天做了十五页，一起拼命赶完了。只想给你写信，好像要把我的心我的脑子一起倒出掏空才痛快的样子，你厌不厌烦，笑不笑我呢？要是我能把我的灵魂封在信封内寄给你，交给你保管着（你爱顾他也好，冷丢[1]他也好），那么让我这失去灵魂的形骸天天做着机械的工作，也不会感到任何难过了。我深觉得，我们的灵魂比形骸更要累赘烦重，否则它早已飞到天上去了。

昨夜做了个梦，可是再也记不起做些什么。要是我今夜坐了汽车来看你，你欢迎不欢迎我呢？横竖我已认识了路，我会悄悄地摸到你睡着的地方的。我希望你正酣睡着不看见我，我会静静地看守着你的睡眠，替你驱除恶梦，到了天将明，你未醒之时，我便轻轻地吻一下你的手，自个儿寂寞地回来。

1 冷丢：方言，大意为“不闻不问、弃置”。

像得了心爱的宝贝一样，这才接到了你的信。我愿意永远做你的孩子，要是你肯做我的母亲的话。今晚我已心安了，我许给我自己一个甜蜜的睡眠。

如果你母亲高兴见我，你为什么不留我多住一天呢？我回来之后，陆师母说我为什么这么要紧就回来，因为明天有假放。不过即使你留我，我也不想多住，因为衣服什么都没带来。

寻来寻去总寻不见你八月上半月给我的两封信，心里怪那个，你骂不骂我又丢了呢？如果要骂的话，请补写两封来，我一定好好藏着，再不丢了。你有些信写得实在有趣，使我越看越爱。要是你怪我不该爱你，那么使我爱你的实在是你自己，一切我不知道，你应该负全责。要是我为你而情死了，你当然也应该抵命的。

五块钱，给陆师母借去了，她也要向我借钱，可见紧缩之一斑。这星期底没得钱用，星期一发薪不知是否仍打折扣。但只要肚皮不饿（只是有得饭吃的意思，因为饿此刻就在饿），有得房子住，你待我好，什么都不在乎。我是个乐天者，我不高兴为物质问题发愁。

你想不出此刻我是多少快乐，快乐得想哭。谁比我更幸福呢？比起你来，我也是要幸福得多，因为我的朋友是一个天使，而你的朋友只是一个傻小子。

卅下午

第086封

时间过得又快又慢

好友：

时间过得又快又慢，想想一星期前在你家的光景，似乎像往古的梦一般恍惚，又似乎像昨天一般亲切。

我不知道你预备不预备告诉我什么时候过上海，好让我来车站候你。是不是四号就走，如你前信所说的？那就是后天了，也许连我这封信都赶不上也说不定。

一个人要把自己的所谓“身世”来换取别人的同情，未免太无聊。但有些话对别人说了我要后悔的，对你说了却决不会后悔。因为对着一个最亲切最钟爱的人前而不能把自心的一切尽情倾吐，我总以为是太不痛快的事。矜持与掩饰对别人我也不会，更不用说是对你，虽然我也懒得向人表白我自己。……

二日夜

第087封

我所最讨厌的人你

小鬼头儿：

我太不高兴写信给你，此刻不知你在跟谁讲些什么小姐经，而我却不知道是谁逼着我硬要写些什么，写信的对象偏偏一定要是我所最讨厌的人你。要是写得好，能博你欢喜，叫我几声孩子，那么也许还可窝心窝心，骗骗自己说世上还有个人疼我。要是写得戆一些，便要惹你发神经，把朱先生哩聪明哩佩服哩知己哩劳驾哩这些化装了的侮辱堆在我身上，想想真气不过。如果你是个头号傻瓜，我准是个超等傻瓜。

自己安慰自己这句话实在可怜得很，既然决心不受人怜，又何必对影自怜呢？要是我，宁愿自己把自己虐待的。

当心伤风。

此夕

要是你是个男人，你欢喜那一种女子呢？要是我是个女子，我要跟很多男人要好，我顶欢喜那种好好先生，因为可以随便欺负他，“好人”是天生下来给人欺负的。

哥儿：

今天天气很好。不叫人兴奋也不叫人颓唐，不叫人思慕爱情也不叫人厌恨爱情，去外面跑，也不会疲劳，住在家里，也不会愁闷。今天写信，目的就是要说这两句话，多说了你又会厌烦我。

借了三本《行为主义的心理学》，希望能读得下去。

愿你乖。

次日下午

第088封

我顶怕你，我可不怕我自己

清如：

真的是满城风雨，外面冷得令人发抖，雨不单是从天上落下来，还要从地面上刮起来，全身淋湿在雨中（伞当然是撑着的），风可以把你吹倒，真令人兴奋。回到斗室中，那么温暖！无月的中秋是可爱的。

——昨夜

今天大家嚷冷，有人夹袍带草帽，有人夏布长衫内罩绒线背心，无奇不有。冷我是欢迎的（你当然也赞成），可是这一下太突然，多多珍重玉体吧。

秋是最可爱的季节，因为她是最清醒的季节，无论春夏冬，都能令人作睡眠的联想，惟秋是清醒的。

我怕一切人，我顶怕你，我可不怕我自己，我高兴的时候，我爱爱他，我不高兴的时候，我虐待虐待他，有时完全把他当做一个不相干的人，他发痴，他

被你吃瘪，都不关我事。

昨夜又做梦，你不了解我，我伤心。滑稽总归是滑稽，了解这两字的意义我就不了解，我也从不想了解我，我也不曾了解你。

祝我的爱人好。

吃笔的家伙——今天

第089封

四年前，世界上还不曾有你

我对于一切的意见，都脱不了幼稚两个字，想起来要脸孔红。

世上最傻不过的人就是母亲（这又是一个意见），要是我做女人生了一个儿子（或女儿），我一定不高兴爱他。

天晴使人不快活，因为又要烦闷。

你如肯做我干女儿，我一定把你掌上珠样看待，肯不肯呢？

今天早上跑出来，看见厂屋顶下半旗，想了一想，才知道今天是九一八。其实这种仪式也不过空感慨一下，毫无用处。

活着无趣味，一点点使自己满足的事都没有，而就此死了，又不能甘心。

想来想去只觉得你比我更可怜。

我每星期中星期日除外，总有两天很兴奋，两天很安静，其余两天，则怨天尤人。出太阳的日子心里常气闷，落雨天有时很难过，刮风则最快活。

我想我唯一要训练自己的，便是“如果世上没有你这样一个人，怎样我也能活下去”的方法，因为不然的话，我只好每天躺在床上流着泪想你，再不用想做事情了。

我很渴想着做一个幸福的梦，一个和你在一块儿亲爱地生活着的梦，然而无论在现实生活中或想象里，都不曾有过这种经验，因此我再没有得到这样一个梦的希望。

四年前的昨天，我送一个朋友回苏州去，四年前的前天，我们在满觉陇，但没有桂花，正如四年后的你一样起了落寞之感。四年前的明天午后，王守伟在都克堂大声疾呼，痛哭陈词，现在，不知他在活动些什么滑稽顽意儿。四年前，世界上还不曾有你，也可以说，还不曾有我。

第090封

我想象有那么一天

昨天，在附近的影戏院里看卓别林，觉得他大是一位诗人。米老鼠的卡通，颇有趣。

今天过得十分冤枉，我以为会得到你的信的，上午还是很高兴。

我想象有那么一天，清如，我们将遇到命定的更远更久长更无希望的离别，甚至于在还不曾见到最后的一面，说一声最后的珍重之前，你就走了，到不曾告诉我知道的一个地方去。你在外面得到新奇和幸福，我则在无变化的环境里维持一个碌碌无奇的地位。那时我相信我已成为一个基督教徒（因我不愿做和尚），度着清净的严肃的虔敬的清教徒的独身生活，不求露头角于世上，一切的朋友，也都已疏远了。

终于有一天你厌倦归来，在欢迎你的人群里，有一个你几乎已不认识了的苍瘦的面貌，眼睛，本来是干枯的，现在则发着欢喜的泪光，带着充满感情的沉默前来握你的手。你起始有些愕然，随即认识了我，我已因过度的欢喜而昏晕了。也许你那时已因人生

的不可免而结了婚，有了孩子，但这些全无关系，当我醒来的时候，是有你在我的旁边。我告诉你，这许多年我用生活的虔敬崇拜你，一切的苦难，已因瞬间的愉快而消失了，我已看见你像从梦中醒来。于是我死去，于你眷旧的恋念和一个最后最大的灵魂安静的祝福里。我将从此继续生活着，在你的灵魂里，直至你也死去，那时我已没有再要求生存的理由了。一个可笑罗曼斯的构想吗？

祝福！

朱　廿二下午

第091封

毋忘我

Forget-me-not[1]

古昔一对男女
走到这桥上，
说，“别忘记我！”
他们手中的蓝花，
无意跌进水中，
水边伤心地长起来的，
是蓝色的毋忘我了。

撷了它，
表示相思之情。
远离的人，
记得王维的诗吗？
“红豆生南国，
南国的秋天是这样愁思着了；
红豆子是顶相思的，

1 Forget-me-not：毋忘我。

多多的采哪！

多多的采哪！”

南国的春天是一样寂寞的，

赠与你，

这一束毋忘我吧！

清如：

这样的诗，算不算得诗究竟？近来颇想作诗，然 rhythm[1] 的贫乏乃是生命中的根本问题，能做一个 Poetaster[2] 也只是由于你的感叹，故 Verse Libre[3] 似更适宜于我。

你将要说“几天的假期，莫名其妙地过去了”。是不是？也许，“人有点疲乏。”

昨夜我是来到你的楼下叫你，叫法有点特别，我是这样叫着：“宋！一清！一如如如！”楼上有人说快来了，你也答应我就下来，然而等着叫着，我却无可奈何地醒了，这样的调排[4]人，悲哀得很。

忽然记起了许多近来做过的忘却的梦。昨夜也做过无数的梦，其中有一个是“激于正义”的梦，学校逮捕了两个学生，也许是为着“思想”上的问题，总之是非常无理由的。其中一个女同学已嫁人，怀着孕并且在生病，幽在一所古寺里。学校召集全体同学开会，征询全体对于他们的意见，布告上说，“将于此会觇出每个学生思想的邪正，谁对他

1 rhythm：韵律。

2 poetaster：蹩脚诗人。

3 Verse Libre：自由体诗。

4 调排：方言，大意为“作弄”。

们说援助的话就是‘卢布党’，同情于学校的才是稳健党”。所谓“卢布党”也是要逮捕的。我当时很想在开会时甘冒不韪，侃侃发言，但很快又做别个梦了。自己是自由思想者，对于法西斯派的抬头颇不愿意。

你可不可怜我常常做梦？梦里常常有你，但不大看见你，你又老不说话，大概因为一向你在我面前总是那样斯文的缘故。你怕不怕痒？胳胳……肢！

八日上午

第
092
封

今天淡淡的太阳，刮风

宋神经：

叫你神经是因为你又要说甚么凋谢的花醒了的梦一类话，再讨厌不过了。我也知道你不是诗人，但不是诗人就不该说这种诗话。我说花落了之后更好看了。至于醒来而能把梦记忆清楚，我认为是一种快乐；要是忘记了，根本已无此梦，当然无苦痛可感。你东西吃完了之后，也会感到一阵空虚而流起泪来吗？这当然是滑稽的。一个人不能老是吃东西，因为肚子会胀，美味也会失却它的味道。同样一个人也不能老是做梦，因为老做下去会做厌的，会使心灵不消化。但人不能不做梦，正如不能不吃东西一样，做梦吃东西，同样是使人生丰富的力量。

大凡一个标准男人，必有三个或三种不同型的女性做他爱慕的对象。第一个是远胜于他自己的，有时不一定实有其人，如果他的理想太高的话；对于她他将敬而远之，避免一切世俗的来往狎昵。第二个是差不多和他差不多好坏的，他把她作为亲密的朋友。第三个是及不上他的，他把她作为妻子。因为男人娶了一个比他自己好的女人，是会杀害他的自尊的，但女人则恒以有一个好的丈夫为荣。因为男人总是要神气神气的，如果在外面神气不起来，不得不碰社会的钉子，在大亨前面低声下气，回家来还要被老婆吃瘪，摆不起臭架子，人生对于他不是有点太惨了吗？

昨夜失眠，因为是礼拜六之故。看杂志上的几篇写一个乡村医生的小说，觉得很满意，一篇写一个污七八糟的贫民家庭里的女孩子，父亲只会喝酒，母亲只会养小孩，那女儿为了服侍她的幼弟而死；一篇写一个被儿媳嫌恶的八十矍铄老妪，因服了过多的药而昏睡过去，被认为已死，然而重新活了转来；都很有柴霍夫风格的幽默与同情。另一篇写一个害肺病的过时的红歌剧女伶，流落在下等哑剧团中，受人姗笑的故事，十分伤感。

今天淡淡的太阳，刮风。

如果你说已经写得够了，那么我就不再写。

你是好人，我抱抱你。

朱　十二

第093封

无聊到无心可伤

宋：

怨到说不出来，我一点不想痛哭，只想到什么高山顶上大笑一场，这样眼看着自己一天一天死下去真没意思。

我不懂为什么我是这样不可爱，否则做一个 Narcissus[1]，也可以顾影自怜一下，可是我对自己只有唾弃和憎恶。

你应该允许我爱你，因为否则我将更无聊，但你绝对不能爱我，实在我很希望你虐待我，让我能有一些伤心的机会，你瞧我无聊到无心可伤。

1　Narcissus：水仙花。古希腊神话中的美少年那耳喀索斯，爱上自己水中的倒影，死后化为水仙。

第
094
封

我所凝望着的只是你

挚爱的朋友，

我已写坏了好几张纸了，越是想写，越是不知写什么话好。让我们不要胡思乱想，好好地活着吧。在我的心目中，你永远是那样可爱的，这已然是一个牢不可拔的成见了。无论怎样远隔着，我的心永远跟你在一起，如果没有你，生命对于我将是不可堪的。

我知道寂寞是深植在我们的根性里，然而如果我的生命已因你而蒙到了祝福的话，我希望你也不要想象你是寂寞的，因为我热望在你的心中占到一个最宝贵的位置。我不愿意有一天我们彼此都只化成了一个记忆，因为记忆无论如何美妙，总是已经过去已经疏远了的。你也许会不相信，我常常想象你是多么美好多么可爱，但实际见了你面的时候，你更比我的想象美好得多可爱得多。你不能说我这是说谎，因为如果不然的话，我满可以仅仅想忆你自足，而不必那样渴望着要看见你了。

我很欢喜，“不记得凝望些什么，一天继续着一天”两句话，说得太寂寞了。但我知道我所凝望着的只是你。

祝好。

朱　十日夜

第095封

故居

语云，秀色可餐，这是一句东方文明的话。东方人看见一个美人，就用眼睛和灵感去餐她的秀色。而且他们不单是餐人的秀色，还要餐山水的秀色，餐花草的秀色，餐文章诗词图画的秀色！他们餐着这种无实感的东西，就像我们的祖先在祭祀时只吞些酒食的蒸汽一样。我是连茶香酒味都不能领略的人，人家如款我以秀色，我将敬谢不敏，有时我对你说的我要吃了你，那是从头到脚连衣服鞋袜一起在内整个儿的把你吞下肚里去的意思，是非常野蛮的馋欲，你会不会吓得哭起来了呢？

我知道你未必肯到我家里来玩玩，不过我很希望几时有便你能来一次。我近来对我的家很有好感。自从初小毕业之后，我因走读方便之故就寄住在姑妈家里，从高小到中学几年，大半时间都在姑妈家。我不大喜欢她家，因为她家在城内，房子不很大，因人多很有些挤，而且进出的人很热闹，我老是躲在楼上。高小一毕业，我便变成孤儿了，因此一生中最幸福的

时间，便是在自己家内过的最初几个年头。

我家在店门前的街道很不漂亮，那全然是乡下人的市集，补救这缺点的幸亏门前临着一条小河（通向南湖和运河），常常可以望那些乡下人上城下乡的船只，当采桑时我们每喜成天在河边数着一天有多少只桑叶船摇过。也有渔船，是往南湖捉鱼虾蟹类去的，一只只黑羽的捉鱼的水老鸦齐整整地分列在两旁，有时有成群鸭子放过。也有往南湖去的游船，船内有卖弄风情的船娘。进香时节，则很大的香船有时也停在我们的河埠前。也有当当敲着小锣的寄信载客的脚划船，每天早晨，便有人在街上喊着“工店开船”。也有载着货色的大舢板船，载着大批的油、席子、炭等等的东西。一到朔望烧香或迎神赛会的节期，则门前拥挤得不堪，店堂内挤满了人。乡下老婆婆和娘娘们都头上插着花打扮着出来谈媳妇讲家常，有时也要到我家来喝杯茶。

往年是常有瓜果之类从乡下送来的。但我的家里终年是很静的，因为前门有一爿店，后门住着人家，居在中心，把门关起来，可以听不到一点点市廛的声音。我家全部面积，房屋和庭院各占一半，因此空气真是非常好，有一个爽朗的庭心，和两个较大的园，几个小天井，前后门都有小河通着南湖，就是走到南湖边上也只有一箭之遥。想起来，曾有过怎样的记忆呵。前院中的大柿树每年产额最高记录曾在一千只以上，因为太高采不着给鸟雀吃了的也不知多少，看着红起来了时，便忙着采烘，可是我已五六年不曾吃到自己园中的柿子了。有几株柑树，所产的柑子虽酸却鲜美，枇杷就太酸不能吃。桂花树下，石榴树下，我们都曾替死了的蟋蟀蜻蜓叫哥哥们做着坟。后园的门是长关的，那里是后门租户人家的世界，有时种些南瓜大豆青菜玉蜀黍之类。后园的井中曾死过人，禁用了多年，但近来有时也汲用着，不过乘着高兴而已，因为水是有店役给我们在河里挑起来的。有时在想象中觉得我的家简直有如在童话中一般可爱，虽然实际一到家，也只有颓丧之感，唤不起一点兴奋来。

我姑母家就不然，喧噪代替了冷静，城市人的轻浮代替了乡下人的诚朴，天天不断着牌声。谈起姑妈家的情形，也很是一幕有趣的包罗万象的大家庭的悲喜剧。姑夫是早死了，我不曾见过面，他家是历世书香，祖上做过官府，姑夫的老太爷（我曾见过面）当年也是社会闻人，在维新和革命后地方上也尽过些力，就是嘉兴有黄包车他也是最初发起的一个。他有一个相貌像老佛似的大太太，前几年八十多岁死了，和一个从天津娶来的姨太太（现还在着），倒是很勤苦的一个。

大太太生了七个孩子，四、六早殇，姨太太无出。我姑夫居长，也是个短命的，他的两女一儿，我的大表姐嫁在一家富商人家，很发福，但也很辛苦，养了六个男女孩子。表哥因当年偷跑出来在陈英士手下当学生军，便和军队发生了关系，后来学了军医。曾有一时在家闲着做名士，那时他天天发牢骚，带着我上茶馆跑夜路，那种生活想起来也很有趣。后来在冯玉祥、吴佩孚军中，辗转两湖西北中原各地，此刻也有了上校衔头，在汉口娶的妻是基督徒，生了儿子叫雅谷。第二个表姐也三十六七岁了，没有嫁人，姑母很着急，但我看来不嫁人也没什么关系，此刻就嫁出去也不见会嫁得着如意郎君，左右替人当当家管管孩子，有什么意思？她自己恨的是早年失学，不能自己谋生，但实在人很能干。

姑夫的第二个兄弟也不长寿，他的寡妇是一位很随随便便的太太，生活十分清贫，但有些自得其乐。儿子存着二个，大的跟叔父在四川，从不寄一个钱回来给母亲，小的在家乡米店里当伙计，吃苦耐劳，克勤克俭，把每月五六块钱工资换米来养娘，大家都称赞他。三老爷在四川做了半世穷官，殇殁他乡，生后萧条。老五是个全福之人，也在四川，当电报局长，颇有积蓄，夫妻健在，儿女无缺，儿子在北大读书，是很阔的大少爷。老七是个落魄汉，不事生产，在家乡别居着，因为文才尚可，写得一笔秀丽的字，替人写写状子，报馆里做做访员。常常衣不蔽体，履穿踵决，有时到家里去敲敲竹杠，寻寻相骂，鸦片瘾很深，牢监也坐过，女儿已卖了。我猜想在中国这种家庭也不少。

今天你还没有信来，别的没有什么，我不知你究竟人好不好？很是挂心，使我不能安定。祝福你！无限的依恋。

廿

第096封

此刻，我很希望拥抱世间每一个人

清如：

你“叽咕”得甚是有趣，算我能了解你吧。

思想有时使我苦痛。我自己常常知道自己错，但如别人以为我错时，我却永远不认错，有许多话我也说不来。近来常痛恨过去，我一点不以为消逝的总是美，反之我常愿意每一分钟重新做人过。一个人年纪大了起来，过去的记忆加重地负担起来，叫人活着不松快，最好是活到今天便把昨天的事情完全忘却。我们过去的交情不算尽如理想那样美，至少在我这方面说过许多蠢话，希望你能完全忘记了，我也允许你不向自己说过的话负责。

一个人能活得越轻越好，能在世上一无牵挂，永远像云一样飘着，不想过去，只想望未来，那样才是有意思。在感情这一方面，似乎我比你更能放任一些，实在我并不惧怕它会拘缚了我。有时我恨一切人，有时我觉得谁都可爱，比如在此刻，我很希望拥抱世间每一个人。

第097封

偶然抬起头来看见月亮

宋：

薪水大概是后天发，今晚寄出了给你的信，邮花还剩最后的一个，身边还余四角大洋，买了三角大洋糖回来，留着一角钱明天用。买糖的时候有了一个感想，因此回来又写信。糖店里那个小弟弟因为我是老主顾，一见我便笑嘻嘻招呼，这使我很难为情，觉得我比他更小。叫他板了脸孔才好。有时我为了怕他的笑嘻嘻，特意赶到较远的店里去买。——这个便是我的感想。

偶然抬起头来看见月亮，觉得她并不比那一盏大的白的灯更可爱一些，大概她老了，又住在上海，很寂寞，甚至于没有糖吃。

宋，我待你好。

八日夜

第 098 封

真的爱，永久是生着根的

青子：

我觉得我已好久不曾给你写信了。在我看来，昨天和十年之前，全然是一样的事，因为它们一样属于过去。

我不知道如果我们一旦失了接触时，我们会不会和旁人一样疏远冷漠起来，不知道有时你会不会再想到我，也许那时我的印像全然是可笑的也说不定。你以不以为我很有点自私，如果我想永远占有你的友情？因为我不愿意失去你，因为我不愿意失去我自己。说不定也许真有一天我会不欢喜你，当我迷失了自己的时候，那时我希望你肯用一点努力把我拉回来，如果我不曾离开你太远。因为离开了你，我不会有幸福和平安的，你的心里才是我唯一的灵魂的家。这要求确实是过分，你肯不肯允许我？你知道“我不欢喜你”这一件事对于你实际上是毫无损害的，因为你本不曾要我欢喜你，但对于我却有重大的关系，它的意义是一切的绝望苦恼和永久的彷徨。我知道即使我不欢喜

你，我不能使我不爱你，因为欢喜不欢喜是心绪的转移，而真的爱，永久是生着根的，因此要是我不欢喜你了，我的灵魂将失去了和谐。

你的信在这时候到。I am veree veree happee[1]。

贼来你叫不叫起来？你叫起来很好听。很奇怪昨夜我坐在椅子上瞎想（昨夜有人来，去了之后，觉得一个黄昏已经扰去了，索性出去看末一场的《亨利第八》，回来已过十一点钟，又坐了两个钟头才睡），我想象你还是睡在那个小房间里，忽然一个贼进来，于是你叫了起来……

四绝句的第一首第一句“凌云志气竟千秋”似乎有些不称，不要管它；“化得流萤千万只”，“只”字还是改普通一点的“点”字吧，你知道郑天然爱用“只”字，但我不喜欢。你的意思是不是说万斛愁都化为照在陌横头的流萤？第二首较好。第三首略俚俗一点，但实际上“今日黄泥复白骨，当年同是上坟人”两句还是这四首中最真切感人的句子，我想可以加圈的。“廿载尘缘孰附身”好像不通，我也不甚懂，最好改过，“孰为亲”也不行。第四首可以不要，“夜月不知人事改”二句蹈袭太甚。拟咏怀诗毫无意义。阮嗣宗的诗骚忧沉郁，我极喜欢，你能多读读他也好，在不快活的时候。

我希望我在现在就死，趁你还做得出诗的时候，我要你做诗吊我，当然你不许请别人改的。

我非常之欢喜你，愿你好！

红儿　星期三

1　I am veree veree happee：我非常非常快乐。此处“veree”实为“very”，“happee”实为“happy”，两词都故意用了不规范的拼法。

第099封

梦你

二哥：

星期日，今天我比平日早起半点钟，开开窗，先让外面的冷风洗我那留着泪痕的脸，默默地回味着甜蜜而感伤的梦境，感觉到真正的幸福。

因为昨夜我曾梦着你，梦得那么清楚而分明，虽然仍不免很有些傻气。我是到杭州来了，他们（我不知道他们是谁，但总之是他们）为着欢迎我，特为我开映卓别林的影片，你同着张荃也来了。我很想坐在你的身旁，但是座位都已占据满了，于是他们把我葬在坟墓里，连着坟墓把我扛到你的跟前。我可以隔着坟墓和你说话，但是看不见你，眼前只是一片黑，鼻子里充满了土气息泥滋味，以及自己尸体腐烂的臭味。“我要闷死了！”我痛苦地嚷着，但终于被我挣扎着从坟墓中伸出头来，虽然身体仍然被重压着动弹不得。这是一个颇有象征意味的开头。

后来我们并肩漫步着，我知道这个下午我要离你

而去了，心头充满惜别的情调，但我知道这是个宝贵而幸福的瞬间，和你走在一起，更没有别人在旁边，我们好像说了许多话，又好像一句话也不说。我侧过头来凝望你的脸孔，这是第一回我在梦里看得你那样仔细，你并不发胖，但显然不像从前那样荏弱相，肌肤也似乎结实得多了。你的脸是那么明净那么慈爱，像秋之晴空那样地，像春之白云那样地，一个可以羽翼我的母亲，看得我哭了，我眼中并没有泪，但觉得我的全身，全灵魂，都充溢着眼泪，我希望世界赶快在这一个瞬间毁灭，或是像太阳照着雪人一样让我全身的机构一下子碎为粉末，播散在太空中，每一粒粉末中都含有对你的眷恋。我真不知道盈溢在我胸中的，是幸福、欢乐、苦痛、惆怅、或是什么。这些真是我梦中的感觉，并不是此刻为要把信写得动人而随便胡诌起来的。这是三部曲中的第二部，是一首浪漫主义的抒情诗。

后来你到厨房里弄饭菜去了，我因为一刻也不愿离开你，也跟着你去，你瞧我一弄都弄不来，但我尽力帮你的忙，我们一同炒肉丝饭，锅下的火很旺，火焰冲了起来，把我右手中指上烫起了泡，我说，“你看，我手指都烫坏了。”但我很骄傲很满足，你微笑着安慰我。跑出去吃饭，我弟弟们面前都是一碗满满的肉丝炒饭，我却只有一碗白饭，我待要叽咕，你悄悄地对我说，“不要吵，你就吃白饭好了”，我也就很快活地吃白饭了。这一段梦略有写实主义的情调。醒来之后，像是一个蒙了祝福的灵魂，恐怕起身之后会把这梦忘记，因此不住地记忆着每一个琐细的枝节，就像怕考问而温书一样。渐渐记忆有些模糊起来，人也倦了起来，闭上眼睛，好像身子在云端里，要飘起来了的样子，但终于不曾飘了起来。

我不要做你的哥哥，我愿意做你的弟弟。

十二晨

第100封

我不准你比我大

小妹妹：

你那里下雪，我这里可是大晴天。如果你肯来上海，那么我就不来杭州了，我最怕到杭州来的理由是要拜访老师。而且到十五六里，我的钱又要用得差不多了。

我不准你比我大，至少要让我大你一岁或三个月。要是你真比我大，那么我从今后每年长两岁，总会追及你。明天起我就自认廿五岁，到秋天我再变成廿六岁。其实我愿意我的年纪从遇见你以后才正式算起，一九三三年的秋天是我一岁的开始，生日待考，自从我们离别以后，我把每个月算作一年（如果照古老话一日三秋，那是太过分些），如是到现在约已有三十个月，因此我现在已满三十一岁。凡未认识你以前的事，我都愿意把它们编入古代史里去。

你在古时候一定是很笨很不可爱的，这我很能相信，因为否则我将伤心不能和你早些认识。我在古时

候有时聪明有时笨，在第十世纪以前我很聪明，十世纪以后笨了起来，十七八世纪以后又比较聪明些，到了现代又变笨了。

我从来不曾爱过一个人像爱你那样的，这是命定的缘法，我相信我并不是不曾见过女孩子。你真爱不爱我呢？你不爱我，我要伤心的，我每天凄凄惶惶的想你。我讨厌和别人在一起，因为如果我不能和你在一起，我宁愿和自己在一起。

暂时搁笔，你笑我傻也随你。愿魔鬼保佑我们，因为他比上帝可爱一些。

伊凡叔叔　六日午

第柒辑

我肯用地老天荒的忍耐
期待着和你一秒钟的见面

第
101
封

近着你会使我惝恍

清如：

一辆黄包车载了我回来，敲开了门，向陆师母招呼了一声，便飞奔上楼，放下伞，摔下套鞋，脱下贼腔的帽子，披上青布罩衫，觉得比较像一个人些，肚子里也开始觉得有些饿了，出去吃了六个馒头，回来出了一回神，倒头便睡，心酸而哭。睡到七点钟起来，马马虎虎吃了碗饭，想昏天黑地地睡下去，觉得心事未了的样子，便写信。

想着自己的一副贼腔，真又好气又好笑，你真没有理由要和我要好。你气色很好，我很快活，我总觉得你很美很美。你和我前夜梦中所见的很像，我看了看你的照片（照相馆里拍的那张），心里有点气，人工的修饰把气韵都丧失了，简直不像你。下回如赴照相馆拍照，我劝你拍一张侧面像试试，全侧面的。

此行使我充满了幸福感，你不要想象我又起了惆怅，即使是惆怅，也是人生稀有的福分，我将永远割舍不了你。近着你会使我惝恍，因此我愿常远远地忆你。如果我们能获得长寿，等我们年老的时候，我愿和你卜邻而居，共度衰倦之暮年，此生之愿足矣！

回家安好且快乐？不要多想起我！祝福。

朱　十六夜

第102封

要是有人叫我不许和你写信

要是有人叫我不许和你写信，那我一定要急得自杀，然而一方面觉得非写不可，一方面又真是没有可写的话，如之何如之何！

好容易诌出了一个故事：

从前有一个少年，他爱了一个女子，一共爱了三年六个月，她还不知道她自己被爱着。那一天他闷不住了，红红脸孔对她说“我爱你”，刚说了个我字，莫名其妙地心中想起，“国家快要亡了！”吓了一跳，爱字上半个字只说了一半，便不再说下去，红红脸孔转身而去。后来她嫁了人，他仍旧一声不响地爱着她，国家仍是快要亡了的样子，他很悲伤，不知道如何是好。

因为华北已失去而不准人写风花雪月的诗，写惯新月体现代体的新诗的，一定要转过来学冯玉祥体，总不大妥当。马赛歌是一支好曲子，但说法国革命成功是它的功劳却太夸张了吧。你看这一段话和上面这故事有什么关系？

我廿二上午动身回家，廿六晚上回到上海，因此你在二十至廿四之间如有信写给我，请寄到我家里，我会盼着你的。

玻璃窗上有很美的冰花，今天我正式穿皮袍子，去年新做的，一直搁在箱子里不穿。

我待你好，爱你得一塌糊涂。

白痴　十八午

第103封

我总有点怕你

清如：

要是你和我结了婚，或者你做了我的母亲，我相信我每天要挨你的骂。这并不是说你是那样凶，实在人家见了我不由不生气，我自己也每天生自己的气。

其实你并不曾骂过我，但每回你的信来了的时候，我总害怕这回你要骂我了。其实你仁慈得像菩萨一样，然而我总有点怕你。这理由我想我可以解释。大凡在一个凶恶的后母手下的孩子，他对他的暴君的感情初时是畏惧中杂着憎恨，等到被打过的次数加多以后，就没有畏惧而只有敌意的憎恨和反抗了，越打他，他越不怕。但在慈母手下的孩子，则她的一颦眉一板脸就会使他心慌。

顶令人气闷的是等放假，尤其是放假前的第二天，到处是那样无聊。又盼不到信。

我有一本外国算命书，今年我的流年：岁首有重大消息，须作一次大冒险，但结果意外美满（news of

Al importance early in 1936, a big chance will have to be taken, but reward will surpass all expectation)。如果你告诉我你的生年月日（阴历的我能推算作阳历），我也可以告诉你今年的流年。

无聊，不要骂我！

朱　十九

曾允许你今天不写信，故写昨天的日期。

第104封

会哭的人是可爱的

心里气得很，没有吃的，没有玩的，没有书看，没有歌唱，你又没有信给我，如何活得了！

希望希望，我能希望些什么？明天还不是跟今天一样？能够早些老去是幸福，只怕挨那挨不尽的寂寞。

今晚一定要痛哭一场。我不知道你真会不会哭，也许有时找不到哭的题材，但会哭的人是可爱的。不过不应当当人面前哭，要悄悄的哭，而且哭过了要哈哈笑。顶好口袋里塞满糖，一个人走到一处幽静的地方，坐下来想生世中一切曾经过的悲哀，以及将来的可能的悲哀，一直想到自己完全溶入悲哀之中，而哭了起来，然后突然收住泪立起来，把糖塞在口里，唱着歌一路回去。一个浪漫的人，笑与眼泪是随身的法宝，你如不会笑，至少还够不上浪漫。

我所知道的人家对你的批评是说你很“ㄉ一ㄚ”[1]，这字写不出，只能以拼音代之。这也许更有侮辱的意味，我听了很无可如何。

1 汉语旧注音符号，读 dia（嗲）。

古人有许多蠢处。莎士比亚写了一百几十首 sonnets[1]，其中一大半是为他所爱的一个男朋友而作，为英文中最有名的情诗。这事本没有什么反常，不过他说他希望他的朋友赶快结婚，好把美丽的种子传下去，说这种话，他完全是一个生物学家，而不像是个诗人。其实这些天才们傻的程度比我更甚。

星期日和人同去看《娜娜》，由左拉小说所改编的电影，俄国姑娘 Anna Sten[2] 的第一张片子。看了之后，很失望，因为本来是自然主义的名著，却完全变成了平凡的罗曼斯，导演手法上也没有特殊之点，安娜斯坦的演技虽不差，因剧本的不好（比较的说）也不曾留下多大的印象。罗曼斯的片子我只看过一张好的，那是Garbo的*Queen Christina*[3]，故事是说一个冰雪之国（瑞典）的女王，喜男装，好骑射，不愿结婚，憧憬着自由，因为对于一个西班牙使臣的缱绻，那是代表她对于南国的阳光与热情的渴慕，终于脱去王冠的桎梏，载着被杀的使臣的尸首，到那产葡萄的国土里去了。很够诗意的不是？这是嘉宝自己挑选的她祖国的故事，完全地代表了她的艺术的灵魂的。

1　sonnets：十四行诗。

2　Anna Sten：安娜·斯坦，俄国演员。

3　*Queen Christina*：《克莉斯蒂娜女王》，影片名。

第105封

你是世上最可爱的老太婆

澄哥儿：

今天天气很好，心里有点松快，可是又闷得快要闷死的样子，要是身边有钱，一定在家里坐不住。你不知道那个 Flaubert[1] 多少可恶，净是些古怪的生字，叫人不耐烦看下去。唉，我昨夜做的梦真有趣，尸首从床板上跳起来，身上还淋着脓，哎，啧啧，我一看不对，连忙奔下楼。昨天不是我说我多么爱你吗？这种话你不用听就是，因为我怎么能自己知道我爱不爱你呢？天晓得你是多么好！我要是从来不曾读过英文就好了，那种死人工作恨一百年都恨不尽。

今天才初八，还要等你至少一星期，真心焦！唉，我透了一口长长的气。你说我写些什么好呢？我什么话都没有，你只痴痴地张大了眼睛（我说的是你的照相），一句话也不响。要是谁带点糖来给我吃吃就好了。如果我亲你的嘴，你打不打我耳光？我真不高兴，真怨。你房间里冷不冷？情形真是一年坏一

1　Flaubert：福楼拜，法国小说家。

年……不说了。

我在梦里筑了一座宫堡，那地方的风景真是好极了，你肯不肯赏光常来玩玩？我特为你布置了一间房间，所有房间中最好的一间，又温暖又凉爽又精巧又优雅。窗外望出去的山水竹树花草，朝晨的太阳，晚来的星月，以及飞鸟羊群，都是像在一个神奇的梦境里。你这间房间我每天吩咐一个美秀的小婢打扫收拾，但别人不许进去一步，即使你永远不来也将永远为你保存着。我真不知道要怎样才好，早早死了就好了，做人真没有趣味。谢谢撒旦的父亲，日子快些过去才好！你已经三十岁，是个老太婆了，实在日子过得真快，我还亲眼看你从娘肚子里一二三开步走地跑出来呢，那时我还是个毛头小伙子，如今老了，不中用了，国家大事被后生小子弄得一团糟，也只好叹口气罢了。总而言之，还是让我以这垂朽的残生爱着你直到死去吧！你是世上最可爱的老太婆。

傻老头子

第106封

没有亲爱的人，活着也等于死一样

好友：

在编辑室的火炉旁熏了这么半天，热得身上发痒。回到自己房间里，并不冷，可是有些发抖的样子。心里又气闷又寂寞，躺在床上淌了些泪，但不能哭个痛快。

家里等着我寄钱去补充兄弟的学费，可是薪水又发不出，存款现在恐怕不好抽，只好让他们自己去设法了。郑天然叫我代买两部佛典，一调查价钱要十块左右，实在没法子买给他。自己要买书也没钱，*War and Peace*[1]已经读完，此后的黄昏如何消磨又大成问题。写信又写不出新鲜的话儿，左右不过是我待你好你待我好的傻瓜话儿。除了咬啮着自己的心以外，简直是一条活路都没有。读了你的信，“也许不成功来上海”，这“也许”两个字是多加上去的。我知道最后的希

---

1 *War and Peace*：《战争与和平》，俄国作家托尔斯泰的代表作。

望，最后的安慰也消失了。

人死了更无所谓幸不幸福，因为有感觉才能感到幸福或苦痛。如果死后而尚有感觉的话，那么死者抛舍了生者和生者失去了死者一定是同样不幸的。但人死后一切归于虚空，因此你如以他们得到永恒的宁静为幸福，这幸福显然他们自己是无法感觉到的。我并不是个生的讴歌者，但世上如尚有可恋的人或事物在，那么这生无论怎样痛苦也是可恋的。因此即使山海隔在我们中间，即使我们将绝无聚首的可能，但使我们一天活着，则希望总未断绝，我肯用地老天荒的忍耐期待着和你一秒钟的见面。

你记不记得我“怜君玉骨如雪洁，奈此烟宵零露溥”两句诗？这正和你说的“我不知道她们静静地躺在泥里是如何沉味”是同样的意思。这种话当然只是一种空想，现代的科学观已使人消失了对于死的怖惧，但同时也夺去了人们的安慰。在从前一个人死时可以相信将来会和他的所爱者在天上重聚，因此死即是永生，抱着这样的思想，他可以含笑而死。但在现在，人对于死是一点希望都没有的，痛苦的一生的代价，只是一切的幻灭而已，死顶多只是一种免罪，天堂的幸福不过是一种妄想，而失去的人是永远失去了的。

我第一次看见死是我的三岁的妹妹，其实不能说是看见，因为她死时是在半夜里，而且是那么突然的，大家以为她的病没有什么可怕的征象，乳母陪着她睡在隔房，母亲正陪着我们睡好了。忽然她异样地哭了起来，母亲过去看时，她手足发着痉挛，一会儿就死了。我们躲在被头里不敢做声，现在也记不起来那时的感觉是怎样的，后来她怎样穿着好抱下去放进棺材里直至抬了出去，我们都被禁止着不许看。

此后我也看见过几次亲戚邻居的死，但永不相信我的母亲也会死的。即使每次医生摇头说没有希望了，我也总以为他们说的是诳话，因为这是无论如何不可能有的事。虽则亲眼看见她一天坏一天，但总以为她会好过来，而且好像很有把握似的。其实她早已神智丧失，常常不认识人了。问卦的结果，说是如能挨过廿九三十（阴历的十一月里），便无妨碍，那时当然大家是随便什么鬼话都肯相信的，廿九过去无事，大家捏了一把汗等待着三十那天，整个白天悠长地守完了，吃夜饭时大家分班看守着，我们正在楼下举筷的时候，楼上喊了起来，奔上去看时，她已经昏了过去，大家慌成一片，灌药掐人中点香望空磕头求天，我跪在床前握住她的手着急地喊着，她醒过来张眼望了我一望，头便歪了过去，断气了。满房间里的人都纵声哭了起来，我们都号啕着在楼板上打滚，被人拖了出去，好几天内都是哭得昏天黑地的。放进棺材之后，棺中内层的板一块块盖了上去，只露着一个面孔的时候，我们看见她脸上隐隐现出汗珠，还哭喊着希望她真的会活过来，如果那时她突然张眼坐了起来，我们也将以为自然而不希奇的事，但终于一切都像噩梦一般过去了。

此后死神便和我家结了缘，但总不能比这次的打击更大。这次把我的生命史完全划分了两半，如今想起来，好像我是从来不曾有过母亲有过童年似的，一切回忆起来都是那样辽远而渺茫。如果母亲此刻能从“无”的世界里回到“有”的世界里来，如果她看见我，也将不复能认识我，我们永远不能再联系在一起，因为过去的我已经跟她一同死去了。再过十年之后，我的年纪将比她更大，如果死后而真有另一世界存在，如果在另一世界中的人们仍旧会年长起来，变老起来，那么我死后将和她彼此不能认识；如果人在年轻时死去在那一世界中可以保持永久的青春的话，那么她将不敢再称我为她的儿子。

等到残酷的手一把人们分开，无论怎样的希望梦想，即使是最虔诚的宗教信仰，也是毫无用处了。愚蠢而自以为智慧的人以为既然生离死别是不可避免的事，不如把一切的感情看得淡些。他们不知道人生是赖感情维系着的，没有亲爱的人，活着也等于死一样。如果我在当时知道我母亲会死的话，在她活着的时候，我本来爱她十分也得爱她一百分一千分。因为我们和我们所爱的人终有一天会分手，因此在我们尚在一起的时候就得尽可能地相爱着，我们的爱虽不能延长至于永劫，但还可以扩大至于无穷。

苏曼殊这人比我更糊涂些，以才具论也不见得比郑天然更高明，我只记得他的脸孔好像有点像郑天然。

我相信你的读书成绩一定很不坏，一共拿了两只三就说是从未有过的不好（体操的吃四反面表示你的用功，因为读书用功的人大抵体育成绩不大好，虽则体育成绩不好的人未必一定读书用功，因此这自然不能说是你用功的绝对的证据——我不要让你用逻辑来驳我）。一个人不要太客气，正如不要太神气一样。难得拿到一两个三的人，还要说自己书读得不好仿佛该打手心一样，那么人家拿惯四拿惯五甚至常拿六的人该打什么好呢？你们女学生或者以为拿到三有些难为情，我们男学生倘使能每样功课都是三，就可心满意足，回去向爹娘夸耀了。

我读书的时候，拿到的一比二多，三比四多，这表示我读书不是读得极好，就是极糟糕，所以他们不给我四者，因为是不好意思给我四的缘故，叫我自己给自己批起分数来，一定不给一就给四或五，没有二也没有三的。

其实这些记号有什么意思呢？读书读得最好的人往往是最无办法的人。一个连大学都没有资格称的敝学院的所谓高材生，究竟值得几个大呢？想起来我在之江里的时候真神气得很，假是从来不请的，但课是常常缺的（第一年当然不这样，因为需要给他们一个好印象），没有一班功课不旷课至八九次以上，但从来不曾不给学分过。体育军训因为不高兴上，因此就不去上。星期一的纪念周，后来这一两学期简直从来不到。什么鸟名人的演说，听也不要去听。

我相信之江自有历史以来都不曾有过一个像我一样不守规则而仍然被认为好学生的人。到最后一学期，我预备不毕业，论文也不高兴做，别人替我着起急来，说论文非做不可，好，做就做，两个礼拜内就做好了，第一个交卷。糊涂的学校当局到最后结果甚至我的名次第三都已排好了的时候，才发现我有不能毕业的理由。我只笑笑说毕不毕业于我没有关系，你们到现在才知道，我是老早就知道的（钟先生很担心我会消极，但我却在得意我的淘气，你瞧得个第三有什么意味，连钱芬雅[1]都比不上）。他们说，你非毕业不可，于是硬要我去见校医（我从来不上医务室的，不比你老资格），写了一张鬼证明书呈报到教育部去说有病不能上体操和军训课，教育部核准，但军训学科仍然要上的，好，上就上，我本来军训有一年的学分，把那年术科的学分算作次年的学科，毫无问题，你瞧便当不便当？全然是一个笑话。文凭拿到手，也不知掼到什么地方去了。

今后是再没有神气的机会了！

我觉得你很爱我，你说是不是（不晓得！）？人家说我追求你得很厉害，你以为怎样？我说你很好很可爱，你同意不同意？你说我是不是个好人？

这回又看不见你，我很伤心，我以为我向你说了这么多可怜话，你一定会可怜我，来看我的，那里知道你怕可怜我会伤害我的自尊心，因此仍然不来，这当然仍表示你是非常之待我好。但以后如果我说我要

1　钱芬雅：朱生豪之江大学的同学。

到杭州来的时候，你可不要说“你来不来我都不管了”，这种话是对情人说的，但不是对朋友说的。你应当说：“你来，一定来，不要使我失望。”你不懂的事情太多，因此我得教教你。唉！要是你知道我想念得你多么苦！

三日夜

宋清如先生鉴：此信信封上写宋清如女士，因为恐怕它会比你先到校，也许落在别人手里，免得被人知道是我给你的起见。

第107封

有时我骗我自己说我不爱你

宝贝：

“虐待”的虐字不应写作“虐”。

似乎我唯一的本领便是冷眼看人，不过并没有自视甚高的意思，因为被我笑骂得最厉害的，便是我自己。如果你要我教训你指示你向上，我想我也许也会的，但那些教训决不会是由衷的，因为当我说着时自己心里已经在讥笑它们了。

我希望说你是“迷羊”的人并不是我，因为我一点不喜欢这两个字。

生活永远是无聊，像爸爸一样无聊，你叹气我闷得气都叹不出来。

有时我骗我自己说我不爱你，但我知道这不是真的。

再说。

名字写在水上的人　三日

第108封

你要不厌倦生活

你要不厌倦生活，法子很多，或是找些危险事情做做，或是……我不告诉你了，听你去厌倦吧，我自个儿也是厌倦的。

等你做了大官之后，我便和你绝交。照你的说法，好像做了大官是理该看轻人的。但是我相信你做了大官的时候，我一定已经得到了诺贝尔文学奖金了——为了我编的一本《英汉五十七用辞典》。

你有各种使人讨厌的理由，然而我一点也不讨厌你，因此这是很奇怪的。我敢确定地说今天我仍跟昨天一样喜爱你，我可以担保明天也是一样，我希望后天大致也不会变更，至于大后天则是太辽远了，谁能说第三次世界大战在什么时候爆发呢？

我的信总写不好，第一缺少热情，第二毫无意味，尤其要令你皱眉头的，我还居然想要——怎么说呢？——●●●，虽然●●●●●●，对于●●●●仍有些●●●●。[1]

朱生豪

1　大圆点参照自原信件，相当于省略号，故意为之。

第109封

除了你之外我愿意忘记一切

清如：

天一晴，就暖，一阴一雨，就冷。今天又下雨了。然而晴雨终引不起我任何感兴，随便怎么总是一样的。但你的每一封信，给我的喜悦，却也可说是一线阳光的照耀，也可说是一阵甘霖的滋润。即使是深知如你也没法想象你的一句轻轻的话，对于我有何等感激奋发的力量。

人真是感到辛苦得很，巴不得有一个月休息才好。如不是你安慰着我，我真不乐此身，老是这样活下去在这种寂寞的地方，真不是可以开玩笑的。何况心里的冤屈诉说不尽，我简直不愿想起从前的一切。除了你之外我愿意忘记一切，一切都只是梦而已，只让我相信你是真实，我爱你是无限的。

不要对自己失望，你有很好的天禀，作品的内容是会随生活经验而丰富起来的，至于读书乃是一种助力和修养，我永远期望你比我有出息一些。

想起你在杭州的时候大概不会多了，我为之江恋你。

愿你永远快乐！

朱朱　十日傍晚

第110封

今天有了钱，也吃到了你的糖

好友，

我懒得很，坐在椅子里，简直懒得立起身来脱衣裳睡觉，看了几页小说，闭了眼睛出了一下神，又想写信，又有点不大高兴。今天有了钱，也吃到了你的糖，糖因为是你给我吃的，当然格外有味，可是你知道，一个人无论怎样幸福怎样快乐，如果他的喜乐只有自己一人知道，更没有一个可以告诉的人，总是非常寂寞的。如果我有一个母亲或知心的姐妹在一起，我会骄傲而满足地对她说，“妈，你瞧，我有一样好东西，一包糖，‘她’给我的。”她一定会衷心地参与我的喜乐，虽然在别人看来，一点也不值得大惊小怪的。

编辑所里充满了萧条气象，往年公司方面裁员，今年有好几个人自动辞职，人数越减越少，较之我初进去时已少了一大半，实在我也觉得辞了职很爽快，恋着这种饭碗，显得自己的可怜渺小，可是自己实在什么都不会干，向人请托谋事又简直是要了我的命，住在家里当然不是路数。我相信我将来会饿死。

听两个孩子呼名对骂，很有味道，打着学堂里念书的调子彼此唱和，哥哥骂妹妹是泼婆大王，妹妹骂哥哥小赤佬，以及等等。

明天再说。你是天使，我是幸福的王子。

朱　十一

第111封

不要害怕毕业

宋：

你猜我要写些什么？鬼知道！要是我能写些漂亮的迷人的话，你一定会非常欢喜我的。

我不知道我将要写些什么，当我在不曾写些什么之前；我不知道我正在写些什么，当我正在写些什么之时；我将不知道我已写了些什么，当我业已写些什么之后。然而我正要写了，我正在写了，我已经在写了，虽然我不知道我将要写些什么，正在写些什么，已写了些什么。——学 Gertrude Stein[1] 的文体。

我猜想我的中文程度跟我的英文程度一样蹩脚，我的英文程度跟我的日文程度一样高明，我的日文程度跟我的阿比西尼亚文程度一样了不得。

你这人似乎太少嗜好，对任何事都没有什么了不得的兴味，我难得听见你发表过五十个字以上的

1　Gertrude Stein：葛特鲁德·斯坦因（1874 ~ 1946），美国作家与诗人。

意见。

明天到韬光去好不好？

不要害怕毕业，嬉皮涎脸地对付人生虽不是正当的办法，但比之愁眉苦眼要好一些。

肯不肯做我的私人秘书兼管扫地抹桌子？三块大洋一月。

阿米巴　七日

第112封

我很愿我们都活三百岁

好人：

前晚兄弟来，和他玩了一晚一天，昨天回去时很吃力，因此写不成信。

你很寂寞，如何是好？我又想不出说什么话。

曾经梦和你纳凉夜话（据说我们已结婚了好多年），只恨醒来得太早。我希望我们变作一对幽魂，每夜在林中水边徘徊，因为夜里总是比白天静得多可爱得多。

我想你活不满六十岁，但也不至十分短寿（因为现在已经很老了，是不是？）我希望你不要比我先死，但如果我比你先死我也要恨的，最好我们活同样年纪。我很愿我们都活三百岁，无论做人怎样无聊，怎样麻烦，有你在一起总值得活。

这信暂时以此塞责，等我想想过后再写。

我待你好。

鲸鱼　十七

第113封

快乐的哲学家

星期六读一本辛克莱的《人生鉴》，文章很好，也有许多实用的知识，尤其是关于吃的方面，傅东华译，上海世界书局出版，特为介绍。

昨天看一张影片名《十三日星期五》，英国出品，轻描淡写地叙述了一些平常社会的偶然事件，非滑稽亦非讽刺，而是可喜的幽默。有人以为它的目的是破除迷信，证明十三日星期五并非不祥，真太幼稚了。

早上很好，半醒睡的状态中听见偶然的小鸟声和各种不甚喧闹的人声，都觉得有点可爱。怎样一种人生，如果没有闲暇可享受！

昨夜跑到床上，来不及把电灯熄落，就睡着了，忽然醒来，吓了一跳。

这是星期一所写。

今天读了你两首新诗，不能得到我的赞许。又得到张荃一篇古风，初读上去觉很好，细看之也呒啥

啥[1]。愿上帝保佑世上一切的女诗人们都得到一个美好的丈夫！我不知道张荃为什么突然心血来潮要跟我通起信来，大概因为我很好的缘故，其实我早忘了她了。

Sh[2]……！不要响，听墙角落里有鬼叫！

宋清如顶不好。

IXUYZ　星期二

要是有人问你，你愿意做快乐的猪呢，还是愿意做苦恼的哲学家？你就回答：我愿意做快乐的哲学家，这样可以显出你的聪明。

1　呒啥啥：方言，意思是“没什么”。

2　Sh：“嘘”的象声词。

第114封 爱与妒

宋：

以后我接到你信后第一件事便是改正你的错字，要是你做起先生来老是写别字可很有些那个。

可是我想了半天，才想出“颟顸”两个字，你是写作“瞒盰”的。

你有些话我永远不同意，有时是因为太看重了你自己的 ego[1] 的缘故，例如你自以为凶（我觉得许多人说你凶不过是逗逗你，他们不会真的慑伏于你的威势之下的），其实我永远不相信会有人怕你（除了我，因为我是世上最胆怯的人）。

随你平凡不平凡，庸劣不庸劣，颟顸不颟顸，我都不管，至少你并不讨厌，至少在我的眼中。你知道你并不真的希望我不要把“她”放在心上。

关于你说你对我有着相当的好感，我不想 grudge[2]，因为如果“绝对”等于一百，那么一至九十九都可说是“相当”。也许我尽可以想象你对于

1　ego：自我。

2　grudge：怀恨；吝惜；妒忌。

我有九十九点九九的好感。我觉得我们的友谊并不淡淡，但也不浓得化不开，正是恰到好处，合于你的“中庸之道”。你的自以为无情是由于把“情”的界说下得过高的缘故，所以恰恰等于我的所谓多情。要是我失望，当然我不会满足，然而我满足，因此我不失望。至于说要我用火红的钳子炙你的心，使你燃烧起来，那是一个刽子手的事（如果有这样残酷的刽子手，我一定要和他拼命），我怎么能下这毒手呢？再说然烧的“然”虽是古文，在白话文里还是用“燃”的好。

“妒”是一种原始的感情，在近代文明世界中有渐渐没落的倾向。它是存在于天性中的，但修养、人生经验、内省与丰富的幽默感可以逐渐把它根除。吃醋的人大多是最不幽默，不懂幽默的人，包括男子与女子。自来所谓女子较男子善妒是因为历史和社会背景所造成，因为所接触的世界较狭小，心理也自然会变得较狭小。因此这完全不是男的或女的的问题。值得称为“摩登”的姑娘们，当然要比前一世纪的闺阁小姐们懂事得多，但真懂事的人，无论男女至今都还是绝对的少数，因而吃醋的现象仍然是多的。至于诗人大抵是一种野蛮人，因此妒心也格外强烈一些，如果徐志摩是女子，他也会说 nothing or all[1]，你把他这句话当作男子方面的例证，是不十分可使人心服的，根本在徐志摩以前就有好多女子说过这句话了。我希望你论事不要把男女的壁垒立得太森严，因为人类用男女方法分类根本不是很妥当的。

关于“爱和妒是分不开的”一句话，我的意见是——所谓爱就程度上可以归为三种：

1．Primeval love，or animal love，or love of passion，or poetic love；

2．Sophisticated love，or “modern” love；

---

1 nothing or all：要么没有，要么全部。

3. Intellectual love, or philosophical love。[1]

此外还有一种并不存在的爱，即 Spiritual love, or "Platonic" love, or love of the religious kind[2]，那实在是第一种爱的假面具，可以用心理分析方法攻破的。

妒和第一种爱是成正比例的，爱愈甚则妒愈深，但这种爱与妒能稍加节制，不使流于病态，便成为人间正常的男与女之间的恋爱，完全无可非议。

第一种爱和第三种爱是对立的，但第二种爱则是一种矛盾的错综的现象，在基础上极不稳固，它往往非常富于矫揉造作的意味，表面上装出“懂事”的样子而内心的弱点未能克服，同时缺乏第一种爱的真诚与强烈。此类爱和妒的关系是：表面上无妒，内心则不能断定。

第三种的爱是高级的爱，它和一般所谓“精神恋爱”不同，因为精神恋爱并不超越 sex 的限界以上，和一个人于现实生活中不能获得满足而借梦想以自慰一样，精神恋爱并不较肉体恋爱更纯洁。但这种“哲学的爱”是情绪经过理智洗练后的结果，它无宁是冷静而非热烈的，它是 non-sexual[3] 的，妒在它里面根本不能获得地位。

胡言乱语而已。

我待你好。

也也

1 这三段英文的大意是：1. 原始的爱，或动物的爱，或激情的爱，或诗意的爱。2. 深于世故的爱，或“现代的”爱。3. 理智的爱，或哲学的爱。

2 这一句英文意思是：精神之爱，或者“柏拉图式”的爱，或者宗教的爱。

3 non-sexual：不带性欲的。

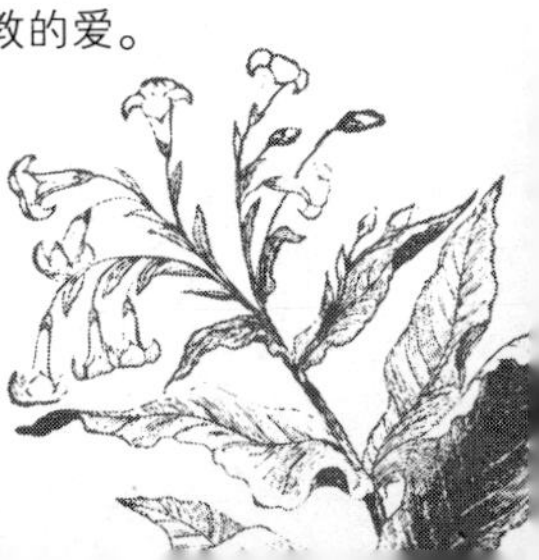

第
115
封

青梅

姊姊：

今天早上弄堂里叫卖青梅，喊着：“妹子要哦妹子？亲妹子，好妹子，好大格亲妹子要哦？”

真的我这么许久不见你了，不知道几时才能托上帝的福再见你一次，今天是风雨凄凄，思想起来好不伤心人也。

舍弟很客气地来信请我端午节到家里去做客人，但要我衣裳穿得楚楚一点，因为他的太太不大看得惯寒酸（或者好听一点说落拓不拘细节）的样子。实在，我对于故乡的姑娘儿们是只有叹气的，尤其是暴发户气息的小商人阶级的女儿。嘉兴是太充满商人味儿的城市，你走遍四城门也找不到一个高贵清华的少女，当然更绝对产生不出宋清如那样隽秀的才人。

我要多么待你好，每两分钟你在我心里一次，祝福你。

弟弟　星期日

第116封

愿煦风和日永远卫护着可爱的你

阿姊：

你走了，我很寂寞，今夜不知你在什么地方，梦魂不识路，何以慰相思？

人静之后，夜的空气甜柔得有些可爱，无奈知心人远，徒增惆怅耳。旅途倦乏，此刻你一定已睡得好好儿的了。如果天可怜见，让我今夜梦里见你吧。

愿煦风和日永远卫护着可爱的你，愿你带着满心的春笑回来。

爱丽儿　廿八

昨天看了本影戏（有什么办法呢！）打倒了胃口，今天不想出去了。你玩得高兴不高兴？

卅

第捌辑

我把我的灵魂封在这封信里

第117封

我把我的灵魂封在这封信里

好姊姊：

今天中午回来，妹妹带着随随便便的神气对我说，“你房间里有一封信”，一跳跳到楼上，信并没有，虽然知道受了骗，可是也许被风吹在地上，也许被放在书底下枕头底下抽屉里，仍然作万一之想地空寻了一番，好像你并不是昨天才有信给我的。

说不出来的闷，空虚，灵魂饿得厉害。鬼知道这种罪几时才能受满。

我们廿九、三十两天不作工，廿九是星期例假，三十补革命纪念日假（或者说廿九是革命纪念日，三十补星期例假均可），虽承公司方面的好意，实在也并不十分欢迎，一切事情天晓得！

我把我的灵魂封在这封信里，你去旅行的时候，请把它随身带在口袋里，挈带它同去玩玩，但不许把它失落在路上。

幸亏世上还有一个你。我弱得厉害，你不要鄙夷我。

所有的祝福！

饿鬼　写于没有东西吃的夜里　廿六

第118封

一、二、三，快写吧

爱人：

写一封信在你不过是绞去十分之一点的脑汁，用去两滴眼泪那么多的墨水，一张白白的信纸，一个和你走起路来的姿势一样方方正正的信封，费了五分钟那么宝贵的时间，贴上五分大洋吾党总理的邮票，可是却免得我食不甘味，寝不安席，无心工作，厌世悲观，一会儿恨你，一会儿体谅你，一会儿发誓不再爱你，一会儿发誓无论你怎样待我不好，我总死心眼儿爱你，一会儿在想象里把你打了一顿，一会儿在想象里让你把我打了一顿，十足地神经错乱，肉麻而且可笑。你瞧，你何必一定要我发傻劲呢？就是你要证明你自己的不好，也有别的方法，何必不写信？因此，一、二、三，快写吧。

第119封

女皇陛下

女皇陛下：

我希望你快些写信给我，好让我放心你已不恼我了。至少也得告诉我一声十个月不写信是从哪一天算起，好让我自即日起伫颈期待它的满期。我很欣幸你恼我得并不彻底，否则你会说永远不再写信给我的。既然不是彻底的恼，那么最好还是索性不恼，因为恕人者最快乐，而我也将感恩不尽，永远纪念你的好处。我不愿说保证以后不再有这种事发生，因为也许为了空间的时间的、心理的生理的、物理的化学的、形而上的形而下的、物质的精神的、个人的社会的种种关系，仍旧会身难自主。

叔本华说得好，“人类是环境之奴”（叔本华并没有说过这句肤浅的话，至少我不曾读过叔本华，不知道他曾说过这句话）也。但为了对你表示最大的忠诚与感激起见，总将竭力避免此等事件之再发生，倘不幸而力有未逮，则惟有等待挨骂一顿，之后复为君臣如初，此则私心之所企祷而无任拜悚者也。否则的话，我虽不至于幼稚过火得向你说“人生无趣，四大皆空，一切有为法，如梦幻泡影，Vanity，vanity，all is vanity[1]，行将自杀以谢君”。当然也不至于 sophisticated[2] 得喝香槟酒，搂舞女以消忧。

但我这奇怪的我会无聊得狂吃东西，以至于生了胃病，是或有可能的。虽然也许现在你要咒我呕血，但真呕血之后，你一定要悔恨；同样你也决不真的希望我生胃病的是不是？太阳、月亮、火炉、钢笔、牛津简明字典，一起为我证明我对于你的忠心永无变更，不胜诚惶诚恐之至，臣稽首。

1 Vanity，vanity，all is vanity：空虚、空虚、一切都是空虚。

2 sophisticated：老于世故的。

第120封

打油诗

我爱宋清如，风流天下闻；
红颜不爱酒，秀颊易生氛。
冷雨孤山路，凄风苏小坟；
香车安可即，徒此挹清芬。

我爱宋清如，诗名天下闻；
无心谈恋爱，埋首写论文。
夜怕贼来又，晓嫌信到频；
怜余魂梦阻，旦暮仰孤芬。

我爱宋清如，温柔我独云；
三生应存约，一笑忆前盟。
莫道缘逢偶，信知梦有痕；
寸心怀夙好，常艺瓣香芬。

右打油诗三首

第121封

要是明天你仍没有信来，我一定不吃饭

好友：

我心里非常之肉麻（我的意思是说悲哀），为什么永远不能产生出一种安定感，可以死心塌地地承受生活所给予的一切。我不是不满足，我也不想享受什么，我只想逃避，可是一切门都对我禁闭着。向上进不可能，向下堕落也不可能，有时我真渴想堕落。

要是明天你仍没有信来，我一定不吃饭。有的人三两个月给一封信我，我觉得他们怪亲切，待我这样好，这么不怕麻烦，可是等起你的信来老像要等脱半条命似的。

一个人要是做了基督徒，大概百分之九十五将来要落地狱，这地狱便是他们自以为是天堂的地方。

理想的世界是一切人都没有灵魂。

你真不替我争气，毕业成绩还比不上丁幼贞[1]，绩然连2都拿不到。

我要待你好——别肉麻！

野狼　十八

1　丁幼贞：朱生豪之江大学的同学。

第122封

你为什么不骂我呢

宋：

昨夜我写了一封痴痴颠颠的信，幸亏不寄出，否则你又要骂我。

我知道你很爱我，如果你骗你自己说不爱我，我也无法禁止你。

照相即使你硬要送给我，我也不要了，因为你已送过了别人。你瞧我好像也会喝醋的样子。

关于朋友我向来主张“不交主义”，除非人家要来交我，我决不去交人家。男朋友我也不要，何况女朋友，何况是含有特殊意义的女朋友。除非你忍心要我在不识相的姑娘们前出乖露丑，像一个呆大女婿那样地，你总不好意思劝我交女朋友吧？

你说的光明坦白四个字我也不很懂，心中存着光明坦白四个字，已经有些不十分光明坦白，时时刻刻记得这四个字而去交起朋友来，往往会变得充满了做作。友情不是可以用人工方法培植起来的，毫无理由地和一个不相识者交起朋友来，随便你怎样光明坦白也是 awkward[1] 的。你老是说些不通的话，真是可爱得很。

你因为客气而不骂我，不知这算不算得光明坦白？如果朋友有失而不骂，也未免不够交情。只有好朋友的骂才能使人心悦诚服，即使被骂者脸红耳赤，也不致怀恨在心，你为什么不骂我呢？还是我没有被你骂的资格？——我简直要声势汹汹地质问你。

你原来就是笨的，现在并不比从前更笨，可是笨得可爱。

这次你写了一段很好的文字：“日日在怅惘中看着天明，再由白天捱到夜晚。这种不快意的心情，说悲哀似乎太重，说惆怅又嫌太轻，要说这是愁，那我更不知是愁些什么来。”令人咏叹不尽。

不要不待我好，在这世上我最欢喜你。

朱　十九

1　awkward：笨拙的、尴尬的。

第123封

在世上你是我唯一肯听话的人

清如：

从前我觉得我比你寂寞，现在我觉得你比我更寂寞得多。我很为我们自己忧虑。

今天下午我试译了两页莎士比亚，还算顺利，不过恐怕终于不过是 poor stuff[1] 而已。当然预备全部用散文译出，否则将要了我的命。

你天津的事情有没有成功？我觉得教书不甚合你的个性。但也许世上还没有发明出一种为我们所乐就的职业。

不知道我有没有告诉过你？我的大表姐有四个儿子，二个女儿，第四个的男孩子是个心地忠厚，但在兄弟行中是最不聪明的一个，今年也怕有十三四岁了。一次被他的最小的妹妹欺负到哭起来，也没有人帮他。我因为是他的“老朋友”，便挈着他到近郊走走安慰安慰他。他一路拭眼泪，一路向我说做人的无趣，谁都不待他好，他说他不高兴读书（因为总是留

1 poor stuff：劣等货。

级），学商也没有趣味，顶好是穿了短衣，赤了脚，做个看牛孩子，整天在田野里游荡，“多么写意！”这些话要是给他母亲听见了，准要说他没出息，一顿骂，但我觉得一点都不错。

我想不出再要向你说些什么话，我也想不出你有些什么话好对我说，但你无论向我说什么无聊的话，我都一样乐意听的，而且你也不要以为我不肯听你话，因为在世上你是我唯一肯听话的人，不是我现在不再每天给你写信了？因为你不喜欢太多的信。虽然我巴不得一天到晚写信给你，即使单是握着笔，望着白纸，一个字写不出，这么从天亮呆坐到天黑也好，因为这样我可以不想到别的一切，只想着你，只有在想着你的时候我才会感到幸福不曾离弃我。我希望有一天我们将永远在一起，不再分离，即使是在很老很老的时候也好，甚或在死后也好，如果人死后灵魂尚存在的话，不知道这是不是奢望。

一切的祝福！

我欢喜你给我取一个名字，你曾许过我。

你的兄弟　廿一

第124封

太阳底下没有旧的事物

好好：

你有一点不好的地方，那就是爱用那种不好看的女人信笺。

你不大孝顺你的母亲，我说你应当待她好些，如果怕唠叨，那么我教你一个法子，逢到你不要她开口而她要开口的时候，只要跑上去 kiss 她，这样便可以封闭住她的嘴。

你崇拜不崇拜民族英雄？舍弟说我将成为一个民族英雄，如果把 Shakespeare[1] 译成功以后。因为某国人曾经说中国是无文化的国家，连老莎的译本都没有。我这两天大起劲，Tempest[2] 的第一幕已经译好，虽然尚有应待斟酌的地方。做这项工作，译出来还是次要的工作，主要的工作便是把僻奥的糊涂的弄不清楚的地方查考出来。因为进行得还算顺利，很抱乐观的样子。如果中途无挫折，也许两年之内可以告一段落。虽然不怎样正确精美，总也可以像个样子。你如没事

1 Shakespeare：莎士比亚。

2 Tempest：《暴风雨》，莎士比亚剧本。

做，替我把每本戏译毕了之后抄一份副本好不好？那是我预备给自已保存的，因此写得越难看越好。

你如不就要回乡下去，我很想再来看你一次，不过最好什么日子由你吩咐。

我告诉你，太阳底下没有旧的事物，凡物越旧则越新，何以故？所谓新者，含有不同、特异的意味，越旧的事物，所经过的变化越多，它和原来的形式之间的差异也越大，一件昨天刚做好的新的白长衫，在今天仍和昨天那样子差不多，但去年做的那件，到现在已发黄了，因此它已完全变成另外的一件，因此它比昨天做的那件新得多。你在一九三六年穿着一九三五年式的服装，没有人会注意你，但如穿上了十七世纪的衣裳，便大家都要以为新奇了。

我非常爱你。

淡如　廿五

第125封

如果真要做诗人，非得多发发呆

宋：

我想用一个肉天下之大麻的称呼称呼你，让你腻到呕出来，怎样？

你老是说不通的话，我不知道你把我的思想和精神怎样抱法？其实我是根本没有思想也没有精神的。

你的诗写得一天比一天没希望，如果真要做诗人，非得多发发呆，弄到身体只重五十磅为止不可。我承认你现在还是相当呆的，因此还能哼几句，像我因为很聪明，所以就写不起来了。

我很满足人生，你说你怕看见我也不能使我伤心。

昨天吃了很多冰淇淋。

此间需要小编辑一位，须中英文皆能过得去而相当聪明者，月薪至多五十，至少五十，你们班里如有走投无路的此项人才，可来一试。

不要哭，我仍旧欢喜你的，心肝！

廿七

第126封

你知不知道你是个了不得的人

清如：

你知不知道你是个了不得的人？今天我精神疲乏得很，想不要工作了，不工作又无法度日，影戏又没有什么好看，想去重看《野性的呼声》，因为对它我有非常好的印象（不管它把原著改窜到若何程度，单就影片本身说，清新、乐观、没有其他一切文艺电影的堆砌的伟大，又没有一点恶俗的气味，旷野中的生活是描写得够优美的，对白也非常之好，况且还有 Loretta Young[1] 的津津欲滴的美貌），可是抬不起脚来。

睡又不肯睡，因为一睡下去，再起来人便真要像生病的样子，夜里一定得失眠，而且莫想再做什么事。于是发了个狠，铺开纸头，揭开墨水瓶的盖，翻开书，工作；可是自己的心又在反叛自己的意志，想出种种的理由来躲避，诸如头痛啦，眼皮重啦，腰酸啦，没有东西吃啦；幸亏我的意志还算聪明，想出一个法子来哄慰我的心，于是开开抽屉，取出你的尊

1　Loretta Young：洛丽泰·扬，好莱坞女明星。

容来，供在桌子上我的面前，果然精神大振，头也不痛啦，眼皮也不重啦，腰也不酸啦，至于没有东西吃也没有什么关系。现在已把 Tempest 第三幕翻好，还剩三分之一的样子，希望在四五天内完全弄好。

总之世上比你再可爱的人是没有了，我永远感谢不尽你待我的种种好处。我希望有一天……不说了。

无数的爱。

朱　二日晚间

不知你有没有回乡下去。

第127封

爱国是一个情感的问题

妞妞：

你如不待我好的时候，我会耍许多花样，比如说拿红墨水写血书，滴几点水在纸上当眼泪，以及拿着救命圈跳黄浦，或宣传要自杀之类，你看好不好？

凡是我问你的问题，在我未问之前我早知道你怎样回答了。为什么你不说“你来也不好，不来也不好”呢？我以为这问题的起点在我而终点在你，所以非得请教你的意见不可。

拿到了五块钱，就上街去，买了一本《死魂灵》、一本《狱中记》、一本《田园交响乐》，都是新近出的好书，看过后就寄给你，目下还余两块多三块不到，大约到这星期日完结。不过我已写信问家里要钱去了，前两个月曾寄过一百数十块钱回去，因此他们不会骂我的。下个月的薪水大概只有拿一半的希望，听着似乎有点惨，其实对我并无影响，因为第一可以不必寄钱回家去，第二可以名正言顺地暂欠几块钱房租，这样一来，看影戏仍不生问题，因此人生是可乐观的，而中国也不会没有希望。

想到爱国这个问题，我说爱国是一个情感的问题。国民对于国爱不爱全可以随便，不能勉强的，但因为个人是整个国家的一分子，因此必然地他对于他的国家有一种义务，一个好国民即是能尽这种义务的人，而不一定要爱国。因为情感会驱使人们盲目，如果他的国家是一个强国，那么他会变成一个自私的帝国主义者，以征服者自命；假如他的国家是一个落后的国家，那么他会妄自尊大，抬出不值一文钱的“国粹”来自吹自捧，而压抑了进步势力的抬头。如果人人知道他的国家的不可爱，而努力使它变得可爱起来，那么这国家才有希望。中国并不缺少爱国的人，一听到闸北要有战争了，人人变成了“民族主义者”，然而他们的民族主义只能把他们赶到法租界去而已。

我待你好。

你的靠不住的

第128封

人世间肉麻事

青女：

从前以为年青人谈精神恋爱是世上最肉麻的一回事，后来才知道人世间肉麻事，大有过于此者。放眼观之，几无一事不肉麻，所谓生命也者，便是上帝在不胜肉麻的一瞬间中创造出来的。人要不怕使人肉麻，才能成为大人物；至少也要耐得住肉麻，才能安然活在世上。否则你从早上起身到晚间睡觉之间的几多小时内，一定会肉麻而死的。展开报纸来，自从国际要闻起直至社会新闻报屁股，无论哪一条都是肉麻的文字。除非你一个人关了房门闭起眼睛天不管，否则便不免要看到一切肉麻的事；然而即使一个人关了房门闭起眼睛天不管了，你也会发觉在你的脑中有许多肉麻的思想。

战争在三四月间发动，我私人方面所得的可靠消息也是这样说。我们即使不就此做亡国之遗民，至少总也有希望受到一些在敌人势力下的滋味。

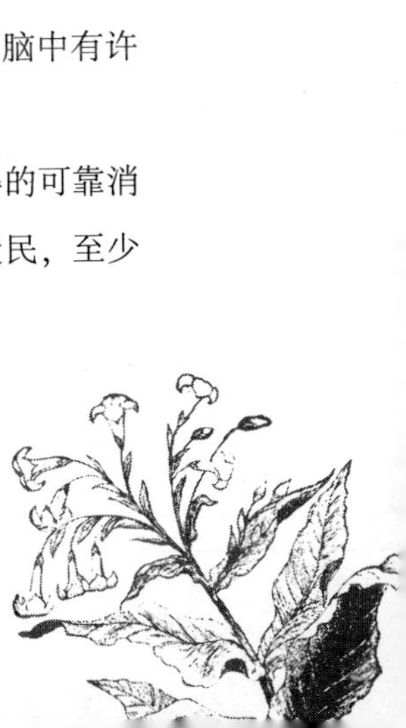

说你是全然的温柔婉约当然有些过分，不过人家所说的浪漫当然也和我所认为的那种浪漫不同。也许别人所斥责的过于浪漫，我仍然会嫌太温柔也说不定。我们的灵魂都是想飞，想浪漫的，但我们仍然局促在地上，像绵羊一样驯服地听从着命运，你说这不算温柔吗？太浪漫的人是无法在这世上立足的，我们尚能不为举世所共弃，即是因为我们是太温柔了的缘故。

有许多话，但是现在一时说不起来。等想想再说吧。

我欢喜你，我欢喜你，我欢喜你，而且我欢喜你。

朱儿　十二

第129封

欢迎你到上海来找我出气

宝贝：

以后你如不耐烦不痛快的时候，我欢迎你到上海来找我出气，我简直不大能相信你会发脾气，因为你一向对我都太“温柔”了。如果再那么“凶”一点，我相信我将会爱你得更凶一点。

如果我命令你爱我，你一定不会服从的；因此如果你不允许我爱你，我也不见得就会乖乖地听话，总之这事已经解决于三年之前，现在更无犹疑之余地。

关于你的那篇大作，我不知道你说“你也一定不许看”这句话有甚么意思？你瞧你并不曾把它寄给我，即使你许我看我也看不到。譬如说，我从来不曾看见过你，一天你的母亲对我说，“我有一个女儿，你一定不许爱她”，这话有不有些奇怪？最好你还是把它寄给我看一下，否则何必对我说是不是？

路透社电：徐金珠[1]婚牛天文。

BIG BAD WOLF[2]

P.S. 我爱你。

1　徐金珠：朱生豪、宋清如之江大学的同学。

2　BIG BAD WOLF：大坏狼。

第130封

世界会变得很好很好

宋千金：

心里乱哄哄，写了三四次信，总写不成功，怨得想自杀。

天又热起来，我希望它再下雨，老下雨，下个不停。

我待你好，我待你好。

你瞧，昨晚密昔斯陆问起你，我告诉她你姆妈预备逃难，她吓得连忙说，“那么我们也赶快去找房子”，女人乎！

上个星期日逛城隍庙，逛罢城隍庙接连看了三本苏联影片，偶然走过ISIS的门口而被吸进去的。一本《雷雨》是第四遍重看了，一本纪录电影《北极英雄》太单调沉闷，一本《齐天乐》，美国式的歌舞喜剧，可看得我从座位上沉了下去，窝心极了，想不到他们也会如此聪明，简直是可爱的胡闹，使人家老是张开了口笑。

工作，工作，老是工作，夜里简直白相不成。

不写了，祝你前程万里！为什么不想办法捞个官儿做做？

我相信everything will turn all right[1]，我们将来都会很得法，中国也不会亡，我也不希望日本亡，世界会变得很好很好，即使人人都不相信上帝佛菩萨。

万万福！

阿二

你们早点躲到上海来也好，免得将来找不到房了。

1 everything will turn all right：一切都会好起来的。

第131封

当今之时，最好谈谈恋爱

宋儿：

谢天谢地我没有老婆，要是在这种风声鹤唳的时节，小鸡胆子吓得浑天糊涂，忙着要搬家逃难，岂不把我活活麻烦死？这两天风声十分恶劣，谣言更是多得了不得。我是听都不要听这些，顶多也不过是那么一回事。只要局中一天不停工，我便自得其乐一天，如果工厂关门，卷起铺盖回家乡，仍旧可以自得其乐，逃难我决不。其实苟全性命于这种无聊的年头，于这种无聊的国家里，也真是无聊，见了怯懦的人真令我伤心。我们的陆师母已吓得唉声叹气，急得不得了，什么小房子都肯住，房金不论，预备忙着搬法租界去。

我所懊恼的是据说明天薪水发不出，这个问题似乎比打仗更重要一些，因为没有钱便不能买糖吃，这是明明白白的。

当今之时，最好谈谈恋爱，因为……没有理由。

朱儿　十五

第132封

人应该常常搬家

清如：

我大概明天搬家，以后来信只寄局中好了。

昨天上午想写信写不成功，下午去看电影《苏格兰女王曼丽》，可是票子买不到，于是到大新公司游艺场去溜达一下，生平上游艺场，此为第一次，也是见识见识的意思。四点半再去买第二场的票子，又买不到，于是到北四川路去，看苏联片普式庚的原著《杜勃劳夫斯基》，这才是张真的文学电影，清丽极了，新闻片中又见到高尔基的生前和罗曼·罗兰的会面，以及他的葬仪。《杜勃劳夫斯基》不像过去《静静的顿河》和《雷雨》那样雄浑有力，而代之以诗意的抒情调子，摄影真是美极了。

平凉村里已经有十室八空的样子，但时局大抵还可苟安过去。昨天报上说各地热烈庆祝国庆，我不知道是怎样热烈法。

人应该常常搬家（否则便该自己有一所很大很

大的大房子，我希望我将来造一所大房子，给我一个人住，有三百间房间，每个月我搬住一间房间，住过后那间房间便锁起来），至少每年得搬一次，否则废物越积越多，尽管住下去，总会弄到无转身之余地，使你不得不丢下一切空着身子逃走，或者放把火把房子烧了。

祝好，我待你好，我不要请人向你担保。

朱朱　十一

第133封

我希望魔鬼进入我的心

好人：

你如今天不给我信，那太可恶；明天不给我信，倒没有什么。

今天四点半后，我真要搬家了，到新的地方去不能使我高兴，但脱离旧的地方总有些快意。

我觉得我从来没有像现在这样笨法，就是在初中二年级时门门功课读不及格的时候也要比现在聪明些，世上还有比做一个笨伯更没趣味的事吗？我希望魔鬼进入我的心。

大前天我的小兄弟从厦门抵沪，前天晚上送他上车回家去。这两年随军辗转闽广，结果带了一身病回来。回家他也知道毫无意味，“但死在外头，有些不值得”；又说个把月后仍旧要出去，“这回去了之后，再也不回家了”，怪可怜的。他在福建曾和一位在军队中做 nurse[1] 的女士恋过爱，那人倒也很恳笃有情，他写信来要求姑母给他作主婚事，姑母说不能作主，

---

1 nurse：护士。

自己有力量办当然决不阻梗；但自己并没有力量，因此很失望而悲观，他说他预备终生不娶，“因为有了家室，简直是吃官司。”！！！！

这两天夜里太少睡，有这么许多无聊。明天好好休息一下，后天得聚精会神地工作起来，要是贪惰请你捻我。

你好？

Honorificabilitudinatitibus[1]

廿四

颓唐是因为对于自己不满意，不是对于环境不满意。能活得下去的人，不是都是有勇气的。中国人是最无勇气的，但中国人善于在任何环境中活下去。

但你叫我不要颓唐，我就不颓唐了。

1　Honorificabilitudinatitibus：中世纪拉丁文，意思是“诸名荣耀”，出自莎剧《皆大欢喜》第五幕第一场。

第玖辑

要是我们两人一同在雨声里做梦，

那境界是如何不同

第134封

我和虞山的缘分，正像和你的一样悭

清如：

真的我忘了问你，为着多说闲话的缘故，你生的那东西完全消退了没有？

居然还有人约我游虞山去，即使有这兴致，你想我会不会去？除非去跳崖（那倒是一个理想，不让什么人知道，也不让你知道，等你回到家乡的时候，你想不到我的幽魂就在离你咫尺之间），否则倘你不在常熟，我怎么也不会到那里去的，虽然即使你在家，我还会不会再来也成为问题，即使我愿意来，你敢不敢劳驾我当然更成为问题。总之我和虞山的缘分，正像和你的一样悭，将来也只有在梦想中再作寂寞之孤游而已。

肯不肯仍旧称我为朋友？你的冷酷的语调给了我太凄惨的恶梦，我宁愿你咒我吐血。虽然蒙你说过你爱朱朱的话，我是不愿把你一时激动的话当作真实的，只要你不怕我，像怕一切人一样，我就满足了。

嫌不嫌我絮渎？

愿你无限好。

第135封

每天每天看不到你，这是如何的生活

天使：

又到了两点钟，真要命，近来要做夜工，把人烦死。算是校订过了两遍，校对过了三次的样子，拿到我手里仍然要改得一塌糊涂，其实偷懒些也不妨事，可是我又不肯马马虎虎。人也总是，白天尤其是上半天总是有气没力的，一过了夜里十点钟，便精神百倍，夜猫的生活虽然也颇有意味，可奈白天不得睡觉何。

每天每天看不到你，这是如何的生活。事实上你已成为我唯一的亲人了，可以寄托我心情的对象，无论是人或艺术、主义、宗教，是一个都没有，除了你。但就是你也不能给我大的启发与鼓奋，一切是虚无得可怕。

我永远爱你。

魔鬼　十二夜

第136封

永远是你的怀慕者

宋：

你走得这样快，没有机会再看见你一次，很是怏怏，不过这也没有什么。你要不要我向你说些善颂善祷的话？

今天往轮船码头候郑天然，没有碰着，因为他没有告知我确实的时间，赶去时轮船已到，人已走了。也许明天会打电话给我。

抄写的东西我想索性请你负责一些，给我把原稿上文句方面应当改削的地方改削改削，再标点可不必依照原稿，因为我是差不多完全依照原文那样子，那种标点方法和近代英文中的标点并不一样。你肯这样帮我忙，将使我以后不敢偷懒。纸张我寄给你，全文完毕后寄在城里。

希望一切快乐等在你前面。要是我做你的学生，我一定要把别的功课不问不理，专门用功在你的功课上，好让你欢喜我。

多雨而凄凉的天气，心理上感到些空虚的压迫，我真想扑在你的怀里，求你给我一些无言的安慰。

永远是你的怀慕者。

三日

第137封

大红柿子

好人：

《仲夏夜之梦》已重写完毕，也费了我十余天工夫，暂时算数了。《威尼斯商人》限于二十日改抄完，昨天在俄国人那里偶然发现了一本寤寐求之的《温德塞尔的风流娘儿们》，我给他一角钱，他还了我十五个铜板，在我的 Shakespeare Collection[1] 里，这本是最便宜的了，注释不多但扼要，想来可以勉强动手。

倒了我胃口的是这本《威尼斯商人》，文章是再好没有，难懂也并不，可是因为原文句子的凝练，译时相当费力，我一路译一路参看梁实秋的译文，本意是贪懒，结果反而受累，因为看了别人的译文，免不了要受他的影响，有时为要避免抄袭的嫌疑，不得不故意立异一下，总之在感觉上很受拘束，文气不能一贯顺流，这本东西一定不能使自家满意。梁译的《如愿》，我不敢翻开来看，还是等自己译好了再参看的好。

1 Shakespeare Collection：有关莎士比亚的藏书。

昨天下午一点半跑出门，心想《雷梦娜》是一定看不成的了，于是到北四川路逛书摊和看日本兵。日本兵的一个特色就是样子怪可怜相的，一点没有赳赳武夫的气概，中国兵至少在神气上要比较体面得多。他们不高的身材擎着枪呆若木鸡地立着，脸上没有一点表情，而对面的中国警察则颇有悠游不迫之慨。

昨天买了三只其大非凡的大红柿子，吃到第二只就已倒了胃口。这东西，初上口又甜又冷，似乎很好，吃过之后，毫无意味，那股烂污样子，尤其讨厌，再加上回味时的一些涩，因此是下等的果子。这两天文旦是最好吃的了。

我要吃你的鼻头。

黄天霸

第138封

如果没有你

心爱：

昨夜梦你又来了，而且你哭。你为什么哭呢？是不是因为我们的交好使你感觉不幸？是不是因为我太不好？还是不为什么？

你是太好了，没有人该受到我更深的感激。开始我觉得你有些不够我的理想，你太瘦小了，我的理想是应该颀长的；你太温柔婉约了，我的理想是应该豪放浪漫的。但不久你便把我的理想击为粉碎，现实的你是比我的空虚的理想美得多可爱得多。在你深沉而谦卑的目光下，我更乐意成为你的臣仆，较之在一切骄傲而浮华的俗艳之前。我明白我们在这世上应该找寻的是自己，不是自己以外的人，因为只有自己才能明白自己，谅解自己，我找到了你，便像是找到了我真的自己。如果没有你，即使我爱了一百个人，或有一百个人爱我，我的灵魂也仍将永远彷徨着，因为只有你才是属于我的 type[1]，你是 unique[2] 的。我将永远永

1 type：类型。

2 unique：独一无二。

远多么地多么地欢喜你。

梦中得过四句诗，两句再也记不起来，那两句是“剧怜星月凄凄色，又照纤纤行步声”，很像我早期所作的鬼诗。

《孟加拉枪骑兵传》已在大光明卖了一星期满座，尚在继续演映中；《罪与罚》则如一般只供高级鉴赏者观看的影片一样，昨天已经悄悄地映完了，只有报纸的批评上瞎称赞了一阵，为着原作者和导演人冯史登堡的两尊偶像的缘故。在我看来，它还不能达到理想的地步，虽仍不失为本季中最值得注意的一个作品。除了演员的表演而外，你有没有注意到本片构图和摄影的匠心？

再谈，祝你好。伤风有没有好？做不做夜工？珍摄千万！

九日

第139封

你是我唯一的孩子

好人：

今晚为了想一句句子的译法，苦想了一个半钟头，成绩太可怜，《威尼斯商人》到现在还不过译好四分之一，一定得好好赶下去。我现在不希望开战，因为我不希望生活中有任何变化，能够心如止水，我这工作才有完成的可能。

日子总是过得太快又太慢，快得使人着急，慢得又使人心焦。

你好不好？

不要以为我不想你了，没有一刻我不想你。假使世界上谁都不喜欢你了，我仍然是欢喜你的。

你愿不愿向我祷求安慰，因为你是我唯一的孩子？

Shylock[1]　廿四夜

1　Shylock：夏洛克，莎士比亚戏剧中冷酷无情的高利贷者。

第140封

我无所不有，但我很贫乏

近来每天早晨须自己上老虎灶买水，这也算是“增加生活经验”。

搁置了多日的译事，业已重新开始，白天译*Merry Wives*[1]，晚上把*Merchant of Venice*[2]重新抄过，也算是三稿了（可见我的不肯苟且）。真的，只有埋头于工作，才多少忘却生活的无味，而恢复了一点自尊心。等这工作完成之后，也许我会自杀。

我以梦为现实，以现实为梦，以未来为过去，以过去为未来，以nothing为everything，以everything为nothing，我无所不有，但我很贫乏。

---

1 *Merry Wives*：《温莎的风流娘儿们》，莎士比亚的戏剧。

2 *Merchant of Venice*：《威尼斯商人》，莎士比亚的戏剧。

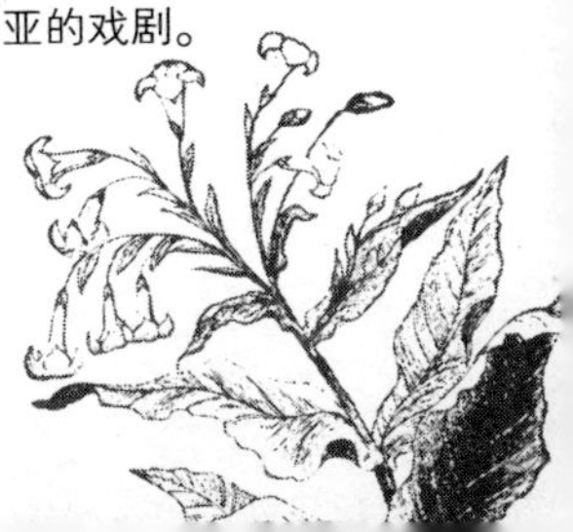

第141封

希望你好好打扮一下

爷叔：

今日星期不放假，明天起放假一星期，后天离上海，大后天的后大来看你，希望你好好打扮一下。

我欢喜你。

猪猡

第142封

我们几时绝交

清如：

在家没趣，只想回上海来。一回到自己独个儿的房间里，觉得这才是我真正的家。其实在我的老家，除了一些“古代的记忆”之外，就没有什么可以称为“我的”的东西；然而三天厌倦的写字楼生活一过，却有点想家起来了。家，我的家，岂不是一个ridiculous[1]的名词。

我常常是厌世的，你的能力也甚小，给我的影响太不多，虽然我已经感谢你，要没你我真不能活。

有经验的译人，如果他是中英文两方面都能运用自如的话，一定明白由英译中比由中译英要难得多。原因是，中文句子的构造简单，不难译成简单的英文句子，英文句子的构造复杂，要是老实翻起来，一定是噜苏累赘拖沓纠缠麻烦头痛看不懂，多分是不能译，除非你胆敢删削。——翻译实在是苦痛而无意义的工作，即使翻得好也不是你自己的东西。

1　ridiculous: 荒谬的、可笑的。

我们几时绝交？谁先待谁不好？

愿你好。有人说他很爱你，要吃了你，因此留心一些。

常山赵子龙　十一

第143封

如果有这样的人，你可以介绍给我

好人：

你初八的信于今天读到。

如果要读书，倘使目的是为趣味，那么可以读读子书、笔记和唐宋以后的诗词、英文的小说戏曲；倘使要使自己不落伍，则读些社会科学的书，但不必成为社会主义者。

回家很没趣味。兄弟一个失业，拉长了面孔，一个又吐出过一点血。长者们逼我快娶亲，你肯不肯嫁我？或者如果有这样的人，你可以介绍给我：

1．年龄二十五至三十。

2．家境相当的穷。

3．人很笨。

4．小学或初中毕业，或相当程度（不必假造文凭也）。

5．相貌不甚好，但勉强还不算讨厌。

6．身体过得过去，但不要力大如牛，否则我要

吃瘪。

7．不曾生过儿子，生过儿子而已死或已丢掉则不妨。

8．能够安安静静坐在家里不说话。

9．最好并无父母，身世很孤苦。

10．不喜欢打扮及照镜子。

11．不痴心希望丈夫爱她（但可以希望他能好好待遇她）。

这种是不是无聊话？

我永远爱你。

朱　二月十五

信仍寄世界书局较妥。

第144封

世界是多么荒凉，如果没有你

阿姊：

天冷得很呢，你冷不冷？

做人真是那么苦，又真是那么甜，令人想望任性纵乐的生涯，又令人想望死想望安息。从机械的日程中偷逃出来的两天梦幻的生活，令人不敢相信是真实，我总好像以为你不是真存在于世上，而是一个虚构的人物，我所想像出来以安慰我自己的。世界是多么荒凉，如果没有你。

今天我有点忧郁，我以你的思忆祛去一切不幸的感觉。

祝你一切的好，以我所有对你的虔敬、恋慕、眷爱和珍怜。

爱丽儿　十七夜

第145封

我悄悄儿跟你说

昨天上午八时起身，到四马路去，在河南路看见原来摆的那个旧书摊头已经扩大了地盘，正式成立一个旧书店的样子。买了一本 Macauly[1] 的论文集，一本 Hazlit[2] 的小品文集和一本美国版集合本的 *Hamlet*[3]，一共一块两毛半。杂志公司里买了《文摘》、《月报》，商务新近出版的文学什么，《戏剧时代》、《新诗》、《宇宙风》、《译文》六七种杂志，是寄给郑祥鼎的。杏花楼吃了两只叉烧饱（平声）、两只奶油饱、一碗茶，以当早餐，不过两角钱，颇惬意。这样回来吃中饭。因为是国耻纪念，故不去看影戏（其实我近来星期日总不看影戏，看影戏常在星期一夜里，因为这样可免拥挤）以志悲哀。在房间里抄稿子，傍晚出去。我说即使我有爱人在上海，人家那样并肩漫步的幸福我也享受不到，因为一到上海来，我已经完全没有了走慢

1 Macauly：麦考莱，英国历史学家、政治家。
2 Hazlit：赫兹里特，英国散文作家，文艺批评家。
3 *Hamlet*：《哈姆雷特》，莎士比亚四大悲剧之一。

步的习惯，即使是无目的的散步，也像赛跑似的走着，常常碰痛了人家的脚。买了四条冰棒回家吃了。一个下午及一个晚上，抄了一万多字，然后看一小时杂志，两点钟睡觉。斯乃又一个星期日。

我觉得星期日不该去玩，方可以细细领略星期日的滋味，尤其应当一个人关在房间里。但星期六晚上应当有玩一个整夜的必要。

你的诗，仍旧是这种话儿，这种调子，这种字眼，蔷薇、星月、娇鸟、命运的律、灵魂的担子，殊有彻底转变一下的必要。

我悄悄儿跟你说，我仍旧爱你。

第146封

我相信我的确不爱你

好人：

今夜夜里差不多抄了近一万字，可谓突破记录。《风流娘儿们》进行得出乎意外地顺利，再三天便可以完工了，似乎我在描摹市井口吻上，比之诗意的篇节更拿手一些。

我希望你在下半年不要再在那个学校里了，即使对自己绝望，甘心把自己埋葬，就是坟墓也应该多换换。我希望你去做共产党，女优，什么商店的经理，或是时装设计家。

我相信我的确不爱你，因为否则我早就发疯了，可是我向你保证，我是欢喜你的。

昨天在街头买了三本不很旧的旧书，陀斯妥益夫斯基的《赌徒》，辛克莱的《钱魔》，还有一位法国女人做的《紫叶》，可是还没工夫看。我现在看小说的唯一时间只在影戏院里未开映以前的几分钟内。

《梵尼斯商人》已收到，谢你改正了一个“么”

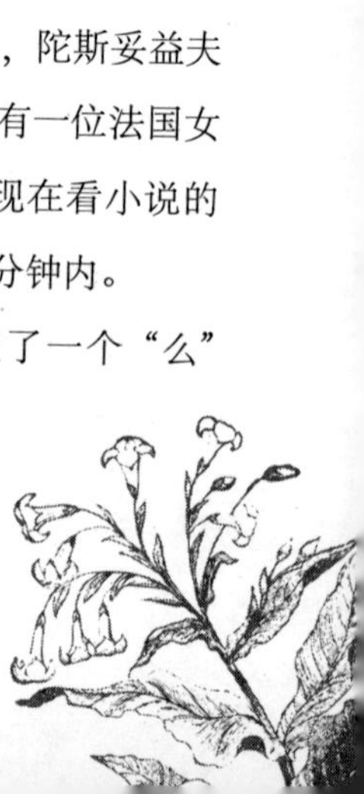

字。今天开始翻了半页《无事烦恼》，我很希望把这本和《皆大欢喜》早些翻好，因为我很想翻《第十二夜》，那是我特别欢喜的一本。不过叫我翻起悲剧来一定有点头痛。我巴不得把全部东西一气弄完，好让我透一口气，因为在没完成之前，我是不得不维持像现在一样猪狗般的生活的，甚至于不能死。

也许我有点太看得起我自己。

豆腐　廿二

第147封

一个人的灵魂当然是有重量的

清如：

今天我工作效率很好，走路时脚步也有点飘飘然，想要蹿蹿跳跳似的，天气又凉得可爱，心里充满了各种快乐的梦想。

我想，一个人的灵魂当然是有重量的，而且通常都较身体的重量为重，否则身体的重量载不住，要在空中浮了起来的。一个人今天心里很懊丧，他走一步路，似乎脚都提不起来的样子，头部也塞满了铁块似低垂着；明天他快活了，便浑身都似乎要飞起来的样子，这当然只是灵魂的轻重发生变化的关系，身体的重量在两天之内决不会有甚么大的差异，而且不快活的人往往要消瘦，反而比之快活的人要轻一些。灵魂轻到无可再轻的时候，便要脱离身体而飞到天上去，有的飞上去不再回来，变成仙人了，有的因遇冷凝结（因为灵魂是像水汽一样的），重又跌了下来，那便只是一时的恍惚出神或做梦。有时灵魂一时不能挣扎出

皮囊，索性像一个轻气球一样地，把身体都带到天上去了，这是古时所以有白日飞升的缘故。

说不出的话，想不起的思想，太多了。再谈吧。愿你无限好！

朱生　卅一日

第148封

我一点把捉不住你的存在

好：

昨夜梦被一群基督徒包围，硬要把我拦入羊栏里，为要拯救我的陷落的灵魂起见，特地把我托付给一位圣洁的女士，她为着忠实地履行对于上帝的神圣的义务，毫不容情地把我占有了，绝对不许我和你见面或通信。我恨极了，终于借着魔鬼的力量，把她一脚踢得老远的，奔到你的身边来了。

从今天一点钟起我停止了对于你来信的盼望，你简直是个梦，我一点把捉不住你的存在，也许我从来不曾真看见过你，除了在梦中，

每天每天是那样说不出的无趣。你说过你需要一个需要，我希望我能有一个希望。

横竖总写不痛快，不写了。十万个祝福。

空气　廿五

第149封

我相信你一定寂寞得要命

好人：

否则我今晚不会写信的，因为倦得很不能工作，所以写信。今晚开始抄《皆大欢喜》，同时白天已开始了《第十二夜》，都只弄了一点点。我决定拼命也要把《第十二夜》在十天以内把草稿打好，无论如何，第一分册《喜剧杰作集》要在六月底完成，因为我急着要换钱来买皮鞋、书架和一百块钱的莎士比亚书籍。等过了暑天，我想设法接洽在书局里只做半天工，一面月支稿费，这样生活可以写意一点，工作也可早点完成。

今晚我真后悔不去看嘉宝的《茶花女》，其实这本片子我已经在一个多月前看过了（那次好像是因为给你欺负了想要哭一场去的，结果没有哭），而且老实说，我一点不喜欢这种生的门脱儿[1]的故事（正和我不欢喜《红楼梦》一样），但嘉宝的光辉的演技总是值得一再看的。当然她的茶花女并不像是个法国

1 “生的门脱儿”：英文 sentimental 的译音，意思是“感伤的”。

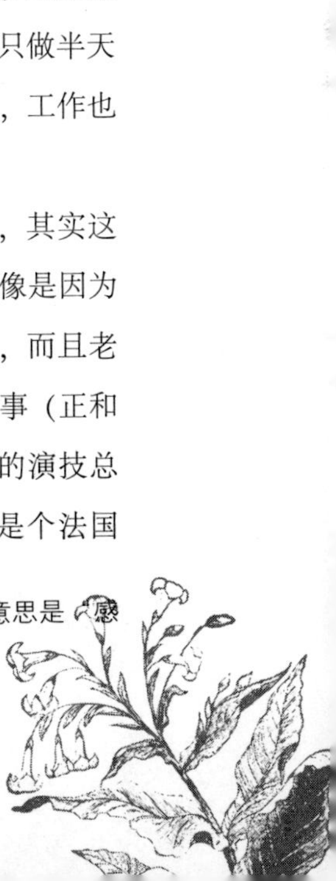

的女人，正和她的安娜·卡伦尼娜并不像是个俄国女人一样。看她的戏，总觉得看的是嘉宝，并不是看茶花女或安娜·卡伦尼娜，这或者是演员本身的个性侵害了剧中人的个性（好来坞的演员很少能逃出一个定型的支配，即使他们扮的是不同性质的角色，从舞台上来的比较好些）。但无论如何，她的演技的魄力、透澈与深入，都非任何其他女性演员所能几及。

平常美国作品中描写男女相爱，好像总有这么一个公式，也许起初男人大大为女人所吃瘪，但最后女人总是乖乖儿地倒在男人的怀里。然而我看嘉宝的戏，却常会发生她是个男人，而被她所爱的男人是个女人的印象。《茶花女》中扮阿芒的罗勃泰勒，我觉得就是个全然的女人，他的演技远逊于嘉宝，但他比嘉宝更富于 sex appeal[1]。我想这也许是喜爱嘉宝的观众，女性多于男性的一个理由，因为大多数男人心理，都是希望有一个贤妻良母式的女子做他生活上的伴侣（或奴隶），再有一个风骚淫浪的女子做他调情的对手（或玩物），可是如果要叫他在恋爱上处于被动的地位，就会很不乐意。个性强烈的女子，比较不容易有爱人，也是这个道理。

买了四支棒冰，吃了一个爽快。赤豆棒冰好像是今年才有起的，味道很好，可是吃过了冰，嘴里总会渴起来，水壶里又没有冲水，很苦。今年到现在还不曾有臭虫发动，大概可免遭灾。你有没有得好的荔枝吃？我什么水果都不在乎，只有荔枝是命。

我相信你一定寂寞得要命。

批评家是最不适于我的职业，我希望我以后再不要批评任何人或作品或思想，今天说过的话，明天便会翻悔，而且总是那么幼稚浅薄。

要睡了，因为希望明天早点起来好做点工作。

1　sex appeal：性感。

第150封

梅花在你去了以后怒放

亲爱的朋友：

心头像刀割一样痛苦，十八天了，她还是没有来。

我知道我太不配接受她的伟大而又纯真的爱，因此所享受的每一份幸福，必须付出十倍于此的痛苦做代价，因此我便忍受着这样的酷刑。

她是个太善良的人，她对谁都那么顾恤体贴；她也是个太老实的人，她说的话都没有半分虚伪。她不会有意虐待我，或对我失信。可是她是个孝顺不过的女儿，在她母亲强有力的意志下，我的脆弱的感情，只好置之不顾了。我能怨她吗？不，我因此而更爱她。

亲爱的朋友，恕我把你和她做一个比较，你是我所认识的人中最可爱最完美的一人，可是她的美丽她的可爱，永远是发掘不尽的宝藏。你只是她过去生命中的一部分，是她美丽的灵魂投射在我心镜上的一个影子，因为我的感受力非常脆弱，不能摄取她的美丽灵魂的全部，然而我所能摄取的却已经深深地锁在我的记忆里，没有什么力量可以把它夺去。

迷迷糊糊地睡了一觉，醒来就盼望天明，不料邻家的钟才敲上一点，这时间怎样挨过去。起来点了火，披上衣裳，坐在被窝里，写上几行，反正你也不在这里。她们也不在这里，一个人由得我发疯。

明天大概不会下雨了，历本上说是好日子。你没有理由再不回来。要是你再不来，那我必需在盼望你的焦虑上，对你的平安忧虑了。最亲爱的人，赶快回来吧！大慈大悲的岳母大人，请你体恤体恤一个在热恋中的孩子的心，不要留着她不放吧！她多住三天两天，在你是不知不觉中很快过去了，可是她迟回来一天，这一天对我是多么漫长的时间啊！

但愿你平安着！

听见邻人家孩子呼唤母亲的声音，就勾起我失母的悲哀。二十年了，她的慈爱的音容，还是那么深刻在我的心上。我不愿把一般形容母亲的慈祥二字放在她的身上，因为她到死都只是一个□□[1]的好心情的孩子。你是一个有母亲的人，你一定不会想到一个早年失母的人，是怎样比人家格外希望有一个亲切的人永远在他的身边。

今天濂姐[2]回来，给她的母亲放衣服，我见了她，忍不住要哭。……

今年的春天，我们婚后第一年的春天，是这样成为残缺了，我为了思念你而憔悴。

梅花在你去了以后怒放，连日来的风雨，已经使她消瘦了大半，她还在苦苦地打叠起精神，挨受这风朝雨夕，等待着你的归来。

昨夜一夜天在听着雨声中度过，要是我们两人一同在雨声里做梦，那境界是如何不同，或者一同在雨声里失眠，那也是何等有味。可是这雨好像永远下不住似的，夜也好像永远过不完似的，一滴一滴掉在我的

1　因原信件蛀蚀严重而无法辨识的内容。

2　濂姐：朱生豪的表姐。

灵魂上，无边的黑暗、绝望，侵蚀着我，我□□[1]着做噩梦。

要是这雨再阻延了你的归期，我真不知道我怎样还有勇气支持下去。每一天是一个无期徒刑，挨到天黑上了床，就好像囚犯盼到了使他脱罪的死亡，可是他还不知道他的灵魂将会上天堂或下地狱。要是做梦和你在一起，那么我的无恨的灵魂便是翱翔在天堂里，要是在噩梦或失眠中度过，那就是在地狱里沉沦。天堂的梦是容易醒的，地狱的苦趣却漫漫无尽，就是这一夜天便等于一个永劫。好容易等到天亮了，又开始了一个新的无期徒刑。

我不愿向上帝祷告，因为他是从来不听人的话的，我只向你妈祷告。好妈妈，天晴了赶快放她走吧！

天气是那样捉摸不定，又刮起风来。要是你今天来了多好。一定是你妈出行要拣好日子，明天下了雨怎么办？我一定经受不住第二次的失望，即使那只仅是一天的距离。今夜是无论如何不能入睡的了。

明天，明天，明天，明天该是这半月来最长的一天，要是你不来，那一切都完了。

二十日

昨晚听了一夜的雨声，今天起来眼看着天色如此阴沉，心里充满了难言的悲哀。于是讨厌的雨又下起来了。下午抱着万一的希望，撑了伞走到烂泥的马路上，到车站去候你，结果扑了个空，回来简直路都走不动了，眼前只是昏沉沉的一片。今天他们都吃喜酒去了，剩下我一个人，中饭吃了半碗冷粥、□碗□□[2]，晚饭吃了一碗冷开水淘冷饭，独身

1　因原信件蛀蚀严重而无法辨识的内容。

2　同上。

生活也过了这么许多年了，从来没有像现在这样凄凉过。

大概你夜车是不会来的，即使来我也再没有勇气到车站来接你。明天也许会晴了，我希望你的不来只是为了天气的理由。

亲亲，在我们今后的生活里，是不是要继续重复着这样难堪的离别呢？想起来真太惨人！为什么我们不能每时每刻都在一起呢？

二十一日

又下雨了，这雨大概是永远下不完的，你也永远不会再回来了。

睡着了梦里也是雨声，醒来耳边也是雨声，我的心快要在雨声中溺死了。我没有再希望的勇气，随便天几时晴吧，随便你几时来吧，我都不盼望了，让绝望做我的伴侣。昨晚写了一封快信想寄出，可是想不出它有什么目的，还是不要寄，让你想象我是乖乖地，不要让我这 intruder[1] 破坏了你的天伦之乐吧。

我一点不怪你，我只是思念你，爱你，因为不见你而痛苦。今天零点多钟便起来望天色，写了这几句话。我一点不乖，希望你回来骂我，受你的打骂，也胜于受别人的抚爱。要是我们现在还不曾结婚，我一定自己也不会知道我爱你是多么的深。

虽然明知你今天不会来，仍然到车站望了一次。雨停了，地上收干了，鹁鸪也不叫了，空气中冷得厉害，明天你总不要再使我失望了吧？

只要仍然能够看见你，无论挨受怎样的痛苦都是值得的，可是我不能不为我们浪费的年华而悲惜。我们的最初二十年是在不知道彼此存在

1 intruder：闯入者。

中过去的。一年的同学，也只是难得在一处玩玩，噩梦似的十年，完全给无情的离别占夺了去。大半段的生命已经这样完结了，怎么还禁得起零星的磨蚀呢？

梅花已经零落得不成样子了，你怎样对得起她呢？

今天以愉快的期待开始，好鸟的语声催我起来，阳光从东方的天空透出，希望能有一个 happy ending[1]，结束这十多天来的悲哀。忙着把久未收拾的房间清理了一个早晨，现在还没有吃过早餐（昨天早上陆弟拿进一碗白米粥来，我吃了两顿，晚饭吃了一只粽子），坐下来写这几行。抬头望着窗外，我真不忍望那憔悴的梅花，可是院南的桃柳欣欣向荣，白云是那么悠悠地飘着，小鸟的鸣声依然好像怪寂寞的，要是这空气里再有了你的笑语□□[2]，那么春天真的是复活了。相信我，这许多天来我不曾对你有丝毫抱怨，可是今天你再不来，我可不能原谅你了。

想不到今天又是这样过去，我希望明天还是下雨吧，因为晴天只是对我的一个嘲笑。

第三次从车站拖着沉重的脚步归来，头痛，腰酸，身上冷得厉害，我的精神已经在这几天完全垮了。

为什么？为什么？为什么？

二十三日下午

1 happy ending：愉快的结局。

2 因原信件蛀蚀严重而无法辨识的内容。